AF186481

Die Erfindung des Stierkampfs

Tradition, Arena und Kurzweil

Eine Betrachtung

von

Lutz Spilker

DIE ERFINDUNG DES STIERKAMPFS – TRADITION, ARENA UND KURZWEIL

Bibliografische Information der Deutschen Nationalbibliothek:
Die Deutsche Nationalbibliothek verzeichnet diese Publikation in der Deutschen Nationalbibliografie; detaillierte bibliografische Daten sind im Internet über http://dnb.dnb.de abrufbar.

Softcover ISBN: 978-3-384-32097-1
Ebook ISBN: 978-3-384-32098-8

© 2024 by Lutz Spilker
https://www.webbstar.de
Druck und Distribution im Auftrag des Autors:
tredition GmbH, An der Strusbek 10, 22926 Ahrensburg, Germany

Inhalt

**Es gibt keinen großen Stierkämpfer,
der nicht früher oder später aufgespießt wird.**

Ernest Hemingway

Ernest Miller Hemingway (* 21. Juli 1899 in Oak Park, Illinois; † 2. Juli 1961 in
Ketchum, Blaine County, Idaho) war einer der erfolgreichsten und bekanntesten US-
amerikanischen Schriftsteller des 20. Jahrhunderts. 1953 erhielt er den Pulitzer-Preis für
seine Novelle ›Der alte Mann und das Meer‹ und 1954 den Literaturnobelpreis.

Vorwort

Lieber Leser,

willkommen zu ›Die Erfindung des Stierkampfs‹.

Das Buch, das Sie in Händen halten, ist eine Reise in eine der beeindruckendsten und gleichzeitig umstrittensten Traditionen der menschlichen Geschichte. Der Stierkampf – eine Praxis, die sowohl verehrt als auch verdammt wird, eine Tradition, die tief in der Kultur Spaniens, Portugals und einiger lateinamerikanischer Länder verwurzelt ist. Doch das Ziel dieses Buches ist es nicht, eine moralische Bewertung vorzunehmen. Wir werden uns weder in die Diskussionen um Ethik noch in Fragen des Moralempfindens vertiefen. Vielmehr möchten wir Ihnen die kulturellen Wurzeln dieser jahrtausendealten Tradition näherbringen und Ihnen einen Einblick in die Welt des Stierkampfs gewähren, die weit über den bloßen Akt des Kampfes hinausgeht.

Die Ursprünge des Stierkampfs reichen weit zurück in die vorchristliche Antike, bis hin zu den Minoern auf Kreta, die in ihren Ritualen und Festlichkeiten den Stier verehrten und seine Kraft und Wildheit zelebrierten. Diese frühen Darstellungen von Mensch und Tier, die in einem symbolischen und rituellen Kampf aufeinandertreffen, legen den Grundstein für das, was sich später in den Arenen Spaniens und anderer Länder als Stierkampf manifestierte.

In diesem Buch werden wir den Stierkampf in all seinen Facetten betrachten – von den Ursprüngen bis hin zu seiner heutigen Form. Wir werden die Entwicklung dieser Tradition nachvollziehen, die Einflüsse verschiedener Kulturen untersuchen und die symbolische Bedeutung des Stiers und des Toreros beleuchten. Dabei wird der Fokus auf den rituellen Charakter, die ästhetischen Aspekte und die kulturellen Kontexte gerichtet sein, die den Stierkampf im Laufe der Jahrhunderte geprägt haben.

Einer der zentralen Aspekte dieses Buches ist die getrennte Betrachtung der beiden Hauptakteure des Stierkampfs: des Stiers und des Toreros. Beide durchlaufen in den Stunden vor ihrem Aufeinandertreffen eine eigene, tief in Traditionen verwurzelte Vorbereitung, die wir Ihnen näherbringen möchten. Der Stier, der von seiner letzten Mahlzeit bis hin zum Transport zur Arena ein eigenes Schicksal erlebt, das unwiderruflich mit dem des Toreros verknüpft ist. Und der Torero, der sich körperlich und geistig auf das vorbereitet, was nicht nur ein Kampf, sondern auch ein symbolischer Akt ist – eine Begegnung, die sowohl Triumph als auch Tragik in sich trägt.

Das Buch wird diese Momente der Vorbereitung, die Rituale und die symbolischen Handlungen, die beiden Akteuren bevorstehen, detailliert beschreiben, um die Spannung und Bedeutung dieses finalen Aufeinandertreffens spürbar zu machen.

Wir wollen Sie, lieber Leser, an dieser Reise teilhaben lassen, ohne jedoch eine Seite zu wählen oder eine Meinung aufzudrängen. Die Absicht ist es, ein Bild des Stierkampfs zu zeichnen, das weder verherrlicht noch verurteilt, sondern einfach nur darstellt, wie es ist.

Im Verlauf dieses Buches werden Sie Einblicke in die Struktur des Stierkampfs gewinnen, die kulturellen Hintergründe verstehen und die verschiedenen Phasen eines Kampfes in ihrer historischen und symbolischen Tiefe kennenlernen. Vom Ursprung der Tradition über die Entwicklung und die Anpassungen, die sie im Laufe der Jahrhunderte durchlaufen hat, bis hin zu den modernen Formen, die heute in den Arenen der Welt zu sehen sind.

Abschließend wird dieses Buch nicht nur das Geschehen in der Arena beleuchten, sondern auch die Nachwirkungen des Stierkampfs – sowohl für den Stier als auch für den Torero. Was passiert mit dem Stier nach dem Kampf? Wie beeinflusst ein solcher Kampf die Psyche des Toreros? Diese und andere Fragen werden angerissen, ohne jedoch in moralische Urteile oder ethische Diskussionen abzudriften.

Unser Ziel ist es, Ihnen eine neutrale, aber dennoch tiefe und umfassende Darstellung des Stierkampfs zu bieten. Eine Darstellung, die es Ihnen ermöglicht, selbst zu entscheiden, wie Sie diese Tradition sehen möchten – als ein beeindruckendes kulturelles Erbe oder als ein Überbleibsel einer vergangenen Zeit. Wir laden Sie ein, sich ein eigenes Bild zu machen, während wir

Ihnen die Geschichte, die Traditionen und die Menschen, die den Stierkampf zu dem gemacht haben, was er heute ist, näherbringen.

Wir hoffen, dass ›Die Erfindung des Stierkampfs‹ Ihnen eine neue Perspektive auf dieses kontroverse und abwechslungsreiche Thema eröffnet und Ihnen ein tieferes Verständnis für die kulturellen und historischen Kontexte vermittelt, die den Stierkampf seit Jahrtausenden begleiten.

Mit besten Grüßen,
Lutz Spilker

Einleitung

Die Faszination und Kontroverse des Stierkampfs

Der Stierkampf ist weit mehr als nur ein Spektakel. Er ist eine jahrhundertealte Tradition, die tief in der Kultur und Geschichte bestimmter Länder verwurzelt ist. Doch gleichzeitig ist er auch ein Brennpunkt intensiver Debatten, ein Symbol für den Konflikt zwischen Tradition und Moderne, zwischen kultureller Identität und moralischem Fortschritt. Die Auseinandersetzung mit dem Stierkampf fordert eine Auseinandersetzung mit den grundlegenden Fragen menschlicher Natur und Kultur heraus. Warum zieht der Stierkampf so viele Menschen in seinen Bann? Und warum ruft er ebenso starke Ablehnung hervor?

In der modernen Gesellschaft ist der Stierkampf ein verblüffendes Paradoxon. Auf der einen Seite steht er als Symbol für kulturelles Erbe und nationale Identität, insbesondere in Ländern wie Spanien, Portugal und Mexiko. In diesen Kulturen ist der Stierkampf tief verwurzelt, fast schon ein Ritual, das das Leben und die Kultur der Menschen prägt. Für viele ist der Stierkampf eine Kunstform, ein Tanz auf Leben und Tod, bei dem der Torero mit dem Stier in einen symbolischen Dialog tritt. Es ist ein Akt, der Mut, Geschick und Ästhetik in einer kraftvollen Performance vereint, die das Publikum in ihren Bann zieht.

Doch auf der anderen Seite steht der Stierkampf unter massivem Beschuss. Tierschützer und Gegner des Stierkampfs verurteilen die Praxis als barbarisch und grausam. Für sie ist der Stierkampf ein Relikt vergangener Zeiten, das in einer modernen, aufgeklärten Gesellschaft keinen Platz mehr hat. Die Tötung eines Tieres aus Gründen der Unterhaltung wird als moralisch unhaltbar betrachtet, und die Arena als Schauplatz archaischer Gewalt. Diese Kritik hat in den letzten Jahrzehnten stark zugenommen, was in vielen Regionen zu einem schrittweisen Verbot des Stierkampfs geführt hat.

Die Kontroverse um den Stierkampf ist nicht nur eine Debatte über Tierschutz, sondern auch über die Frage, wie eine Gesellschaft mit ihren Traditionen umgeht. Ist es möglich, das kulturelle Erbe zu bewahren und gleichzeitig den moralischen Fortschritt zu fördern? Oder müssen bestimmte Traditionen aufgegeben werden, um den ethischen Anforderungen der modernen Welt gerecht zu werden? Diese Fragen spiegeln sich in den hitzigen Diskussionen um den Stierkampf wider und machen ihn zu einem Thema von globaler Bedeutung.

Historisch gesehen, ist der Stierkampf tief in den Ritualen und Mythen verankert, die den Menschen seit Jahrtausenden begleiten. Die Verehrung des Stiers als ein Symbol für Stärke, Fruchtbarkeit und göttliche Macht ist in vielen Kulturen zu finden, von der minoischen Zivilisation auf Kreta bis hin zu den römischen Gladiatorenspielen. Der Stierkampf, wie wir ihn heute kennen, entwickelte sich im mittelalterlichen Spanien und wurde im Laufe der Jahrhunderte zu einem zentralen Bestandteil der spanischen Kultur. Die Stierkampfarenen wurden zu Tempeln dieser Tradition, und die Toreros zu gefeierten Helden, die in der Arena ihre Ehre und ihren Mut unter Beweis stellten.

Der Stierkampf ist jedoch nicht nur ein historisches Phänomen. Auch in der modernen Gesellschaft übt er eine ungebrochene Faszination aus. Für viele Menschen ist der Stierkampf ein lebendiges Stück Kultur, das die Verbindung zu den eigenen Wurzeln und zur nationalen Identität symbolisiert. In der Arena treffen nicht nur Mensch und Tier aufeinander, sondern auch die Vergangenheit und die Gegenwart, Tradition und Wandel. Der Stierkampf ist ein Raum, in dem existenzielle Fragen verhandelt werden: Was bedeutet es, mutig zu sein? Was ist die Natur des Todes? Und welche Rolle spielt der Mensch in der natürlichen Ordnung?

Diese Themen machen den Stierkampf zu einem Thema von anhaltender Relevanz. Obwohl er heute vielerorts in Frage gestellt wird, bleibt er ein zentrales Element der kulturellen Landschaft in den Ländern, in denen er noch praktiziert wird. Die Auseinandersetzung mit dem Stierkampf erfordert ein tiefes Verständnis der kulturellen, historischen und sozialen Kontexte, in denen er eingebettet ist. Es ist eine Auseinandersetzung, die keine einfachen Antworten zulässt, sondern vielmehr dazu anregt, die komplexen Verflechtungen von Tradition, Ethik und Identität zu erforschen.

In diesem Buch werden wir uns auf eine Reise durch die Geschichte und Kultur des Stierkampfs begeben. Wir werden die Ursprünge dieser Tradition erkunden, ihre Entwicklung im Laufe der Jahrhunderte nachverfolgen und die verschiedenen Aspekte des Stierkampfs in der modernen Gesellschaft beleuchten. Dabei werden wir uns nicht nur auf die äußeren Formen und Rituale konzentrieren, sondern auch auf die tiefer liegenden Bedeutungen und die symbolischen Ebenen, die den Stierkampf zu einem so kraftvollen und zugleich umstrittenen Phänomen machen.

Der Stierkampf ist mehr als nur ein Kampf. Er ist ein Spiegel der Gesellschaft, in dem sich die Werte, Ängste und Hoffnungen einer Kultur widerspiegeln. Er ist eine Kunstform, die Leben und Tod, Mensch und Natur, Tradition und Moderne miteinander in Einklang zu bringen versucht. Und er ist eine Herausforderung – für die Toreros, die sich in der Arena dem Stier stellen, und für die Gesellschaft, die sich mit den Fragen auseinandersetzen muss, die der Stierkampf aufwirft.

Dieses Buch soll Ihnen, lieber Leser, helfen, die vielen Facetten des Stierkampfs zu verstehen. Es soll Ihnen Einblicke in eine Tradition geben, die sowohl in der Vergangenheit als auch in der Gegenwart tief verankert ist. Und es soll Sie dazu anregen, sich selbst eine Meinung über den Stierkampf zu bilden – eine Meinung, die auf Wissen und Verständnis basiert, und nicht nur auf Vorurteilen oder Emotionen.

Mit dieser Einleitung lade ich Sie ein, den Stierkampf aus einer neuen Perspektive zu betrachten. Lassen Sie uns gemeinsam die Erfindung des Stierkampfs erkunden und dabei die kulturellen, historischen und gesellschaftlichen Dimensionen entdecken, die diese Tradition so einzigartig und so kontrovers machen.

Ursprünge in der Antike

Die Minoische Kultur

Der Stier – ein Symbol der Stärke, Wildheit und Fruchtbarkeit – hat in der Geschichte der Menschheit stets eine besondere Rolle gespielt. In den frühen Kulturen des Mittelmeerraums war der Stier nicht nur ein mächtiges Tier, sondern auch ein Wesen von großer religiöser und kultureller Bedeutung. Um die Ursprünge des Stierkampfs zu verstehen, müssen wir in die Tiefen der antiken Welt eintauchen, insbesondere in die minoische Kultur, die auf der Insel Kreta vor mehreren tausend Jahren blühte. Hier, in dieser geheimnisvollen Zivilisation, die zwischen 2000 und 1450 v. Chr. ihre Blütezeit erlebte, finden wir die ersten Hinweise auf das, was später zu einer der fesselndsten und umstrittensten Traditionen der Menschheit werden sollte.

Die Minoer, deren Kultur nach dem legendären König Minos benannt ist, lebten in einer Welt, die stark von Naturkräften und religiösen Ritualen geprägt war. Die Insel Kreta, mit ihren fruchtbaren Ebenen und rauen Bergen, war ein Ort, an dem sich Natur und Mythos auf besondere Weise verbanden. In dieser Welt nahm der Stier eine zentrale Rolle ein – als Symbol für Kraft, Fruchtbarkeit und göttliche Macht. Der Stier war nicht nur ein Tier, das man zähmen oder opfern konnte, sondern ein Wesen, das mit den Göttern in Verbindung stand.

Eines der bekanntesten Symbole der minoischen Kultur ist das sogenannte ›Stierspringen‹ oder ›Taurokathapsia‹. Auf Fresken, die in den Ruinen des Palastes von Knossos entdeckt wurden, sehen wir Darstellungen dieses Rituals, bei dem junge Männer und Frauen über die Rücken von wildgewordenen Stieren sprangen. Diese Szenen, die sowohl Kraft als auch Geschicklichkeit zeigen, bieten einen reizvollen Einblick in die religiösen Praktiken der Minoer. Das Stierspringen war jedoch mehr als nur eine sportliche Herausforderung; es war ein heiliger Akt, ein ritueller Tanz, der die Verbindung zwischen Mensch und Natur, zwischen dem Sterblichen und dem Göttlichen verkörperte.

Die Symbolik des Stiers ging jedoch weit über das Stierspringen hinaus. Der Stier war eng mit der minoischen Religion und Mythologie verbunden. In der minoischen Kultur wurde der Stier oft als göttliches Wesen verehrt, das die Fruchtbarkeit der Erde und die Macht der Naturkräfte repräsentierte. Der Stierkult fand seinen Ausdruck in verschiedenen Ritualen und Zeremonien, bei denen Stiere geopfert wurden, um die Götter zu besänftigen und die Fruchtbarkeit der Felder zu sichern. Diese Opferungen waren keine bloßen Akte der Gewalt, sondern tief verwurzelte religiöse Rituale, die das Gleichgewicht zwischen Mensch und Natur, zwischen Leben und Tod symbolisierten.

Einer der bekanntesten Mythen, die in der minoischen Kultur verwurzelt sind, ist der Mythos des Minotaurus. Laut der Legende ließ König Minos von Kreta den Baumeister Daidalos ein riesiges Labyrinth bauen, um ein furchterregendes Wesen –

den Minotaurus – darin einzusperren. Der Minotaurus, ein Wesen mit dem Körper eines Menschen und dem Kopf eines Stiers, war das Ergebnis der Vereinigung von Pasiphaë, der Frau des Minos, mit einem göttlichen Stier. Der Mythos vom Minotaurus ist ein komplexes Geflecht aus Themen wie Macht, Sünde, Erlösung und dem unausweichlichen Schicksal. Der Stier, in der Gestalt des Minotaurus, verkörpert hier sowohl die ungezähmte Natur als auch das dunkle, unkontrollierbare Potenzial der menschlichen Seele.

Der Kult um den Stier und die Rituale, die sich um dieses Tier rankten, sind ein Schlüssel zum Verständnis der minoischen Weltanschauung. Für die Minoer war der Stier nicht nur ein Opfer für die Götter, sondern ein Bindeglied zwischen den Menschen und den göttlichen Kräften, die ihre Welt bestimmten. Das Stierspringen, die Opferungen und die Mythen um den Stier sind Ausdruck einer tiefen Verehrung und eines tiefen Respekts vor den Naturgewalten, die das Leben auf Kreta bestimmten.

Mit dem Untergang der minoischen Kultur, wahrscheinlich durch Naturkatastrophen wie den Ausbruch des Vulkans auf der Insel Thera, verschwand auch vieles von ihrem Wissen und ihren Ritualen. Doch die Symbolik des Stiers und die Praktiken, die die Minoer entwickelt hatten, blieben erhalten und wurden in den Kulturen des antiken Griechenlands und Roms weitergetragen. Der Stierkampf in seiner späteren Form mag sich zwar in einem anderen kulturellen Kontext entwickelt haben, doch seine Wurzeln – die rituelle Bedeutung des Stiers, die

Verehrung der Stärke und das Zusammenspiel von Leben und Tod – finden ihren Ursprung in den Ritualen der Minoer.

Der Übergang vom religiösen Ritual zum sportlichen Wettbewerb und schließlich zum modernen Stierkampf, wie wir ihn heute kennen, ist eine komplexe Entwicklung, die in verschiedenen Kulturen und Epochen stattgefunden hat. Doch es ist unbestreitbar, dass die minoische Kultur auf Kreta eine der ersten war, die den Stier in einen symbolischen Kontext stellte, der sowohl Ehrfurcht als auch Faszination hervorrief. Der Stierkampf, in seiner modernen Form, trägt noch immer die Spuren dieser alten Rituale, in denen der Mensch versuchte, das Unkontrollierbare zu bändigen und das Unergründliche zu verstehen.

In der heutigen Auseinandersetzung mit dem Stierkampf – sei es als kulturelles Erbe oder als umstrittenes Ritual – schwingt immer auch die Frage mit, wie tief verwurzelte Traditionen mit modernen Werten in Einklang gebracht werden können. Doch um dies zu verstehen, muss man den Ursprung dieser Traditionen kennen, der oft in längst vergangenen Zeiten liegt. Die minoische Kultur, mit ihrer reichen Symbolik und ihren tief verwurzelten Ritualen, bietet einen erstaunlichen Blick auf die Ursprünge des Stierkampfs und die symbolische Macht, die der Stier in der menschlichen Kultur bis heute besitzt.

Der Stier in der Mythologie

Der Stier – kraftvoll, unbezähmbar und von beeindruckender Statur – war schon immer ein fesselndes Symbol für den Menschen. In der Mythologie verschiedener Kulturen nimmt dieses majestätische Tier eine zentrale Rolle ein, oft als Verkörperung göttlicher Macht, kosmischer Kräfte oder als Ausdruck des Urchaos. Die Geschichten, die sich um den Stier ranken, sind so vielfältig wie die Kulturen, die sie erzählen. Von den Mythen der alten Griechen bis hin zu den Erzählungen der Mesopotamier zeigt sich, dass der Stier in den Augen der Menschen mehr war als nur ein Tier – er war ein Wesen, das die Grenze zwischen der natürlichen und der göttlichen Welt überschritt.

Eine der bekanntesten Geschichten über den Stier findet sich in der griechischen Mythologie: die Legende des Minotaurus. Dieser mythische Kreatur war halb Mensch, halb Stier und lebte im Labyrinth auf der Insel Kreta. Der Minotaurus war das Ergebnis einer göttlichen Strafe – ein Symbol für das Chaos, das entsteht, wenn die Naturgesetze gebrochen werden. Die Geschichte beginnt mit König Minos von Kreta, der sich die Gunst des Gottes Poseidon sichern wollte, indem er versprach, ihm den schönsten Stier zu opfern. Doch als Minos den prachtvollen weißen Stier sah, entschied er sich, diesen für sich zu behalten und opferte stattdessen ein minderwertigeres Tier. Poseidon, erzürnt über diese Täuschung, belegte Minos' Frau Pasiphaë mit einem Fluch, der sie dazu brachte, sich in den

Stier zu verlieben. Aus dieser unheiligen Vereinigung wurde der Minotaurus geboren, ein Wesen, das die ungebändigten und dunklen Kräfte der Natur verkörperte.

Der Minotaurus, gefangen im Labyrinth, das von dem genialen Baumeister Daidalos errichtet wurde, musste regelmäßig mit Menschenopfern gefüttert werden, die aus dem Tribut der Athener stammten. Jedes Jahr mussten sieben junge Männer und sieben junge Frauen nach Kreta geschickt werden, um dem Monster geopfert zu werden. Diese grausame Praxis symbolisierte die Unterwerfung Athens unter Kreta, aber auch den Preis, den die Menschen für ihre Hybris zahlen mussten. Erst durch den Helden Theseus, der sich mutig in das Labyrinth wagte und den Minotaurus tötete, fand diese Tyrannei ein Ende. Der Mythos des Minotaurus ist tief in die kulturelle Psyche Europas eingraviert und steht als Sinnbild für den ewigen Kampf zwischen Ordnung und Chaos, Zivilisation und Wildheit.

Doch der Stier war nicht nur in Griechenland ein bedeutendes Symbol. In der mesopotamischen Mythologie begegnet uns der Stier als göttliches Wesen im ›Epos von Gilgamesch‹, einem der ältesten literarischen Werke der Menschheit. In dieser Geschichte sendet die Göttin Ishtar, gekränkt durch die Zurückweisung ihrer Liebe durch den Helden Gilgamesch, den ›Himmelsstier‹ auf die Erde, um Zerstörung über die Stadt Uruk zu bringen. Der Stier, ein gigantisches Wesen mit enormer Kraft, bringt Dürre und Tod über das Land, bis er schließlich von Gilgamesch und seinem Freund Enkidu besiegt wird. Der

Himmelsstier symbolisiert hier die ungebändigten Kräfte der Natur und die göttliche Macht, die über das Schicksal der Menschen wacht. Sein Tod stellt nicht nur einen Sieg des Helden über die Natur dar, sondern auch einen Akt der Rebellion gegen die Götter, der letztlich zu Enkidus Tod führt – eine weitere Erinnerung an die Zerbrechlichkeit der menschlichen Existenz gegenüber den göttlichen Mächten.

Auch in der römischen Mythologie spielt der Stier eine zentrale Rolle, wenn auch in einer anderen Form. Der Kult um Mithras, eine Mysterienreligion, die sich im Römischen Reich großer Beliebtheit erfreute, stellte den Gott Mithras oft als Stiertöter dar. Die zentrale Handlung dieses Kultes, die ›Tauroctonie‹, zeigt Mithras, wie er einen Stier opfert, um die Erde zu befruchten und neues Leben zu erschaffen. Diese symbolische Handlung steht für den ewigen Kreislauf von Leben und Tod, von Opfer und Erneuerung, und verweist auf die tief verwurzelte Verbindung zwischen Mensch und Natur. Der Stier wird hier nicht nur als Opfer betrachtet, sondern auch als Ursprung des Lebens, dessen Blut die Erde fruchtbar macht und das Überleben der Menschheit sichert.

Der Stier taucht auch in der Mythologie anderer Kulturen immer wieder als zentrales Symbol auf. In der ägyptischen Mythologie wurde der Apis-Stier verehrt, der als Verkörperung des Gottes Ptah galt und im Tempel von Memphis heilige Ehren genoss. Der Apis-Stier war ein lebendiges Orakel, dessen Verhalten als göttliches Zeichen interpretiert wurde. Bei seinem Tod wurde der Stier aufwendig einbalsamiert und in einem prächtigen Grabmal beigesetzt, um seine Rückkehr als neuer Apis-Stier zu gewährleisten. Dieser Kult verdeutlicht die Vorstellung des Stiers als Mittler zwischen den Menschen und den Göttern, als ein Wesen, das sowohl die physische als auch die metaphysische Welt durchdringt.

Nicht zuletzt spielt der Stier auch in den Mythen um den Göttervater Zeus eine bedeutende Rolle. In der griechischen Mythologie nimmt Zeus häufig die Gestalt eines Stiers an, um seine Ziele zu erreichen. Eines der bekanntesten Beispiele ist die Entführung der schönen Europa. Zeus verliebte sich in die phönizische Prinzessin Europa und verwandelte sich in einen prächtigen weißen Stier, um sich ihr zu nähern. Als Europa den scheinbar zahmen Stier bestieg, entführte Zeus sie über das Meer nach Kreta, wo er sich in seine wahre Gestalt zurück verwandelte und Europa seine Liebe offenbarte. Diese Geschichte ist nicht nur eine Erzählung über die göttliche Macht und den Willen der Götter, sondern auch eine symbolische Darstellung der Fruchtbarkeit und der Verbindung zwischen Himmel und Erde.

Diese verschiedenen Mythen und Legenden zeigen, dass der Stier in der menschlichen Vorstellungswelt weit mehr ist als nur ein Tier. Er ist ein Symbol für die ungezügelten Kräfte der Natur, für göttliche Macht und für die tiefen, archaischen Ängste und Hoffnungen der Menschheit. Der Stier verkörpert sowohl die Schöpfungskraft als auch die Zerstörungskraft, er ist ein Wesen, das die Grenzen zwischen Leben und Tod, zwischen Mensch und Gott überschreitet. In der Arena, in der sich der

Stierkampf abspielt, wiederholt sich dieses uralte Drama – ein Drama, das von der tiefen Verbindung zwischen Mensch und Tier, zwischen Natur und Kultur erzählt.

In der Betrachtung dieser Mythen wird deutlich, dass der Stierkampf, wie wir ihn heute kennen, tief in den symbolischen Vorstellungen und religiösen Ritualen der Menschheit verwurzelt ist. Der Kampf zwischen Mensch und Stier, sei es in der Arena oder im Mythos, ist ein Sinnbild für den ewigen Kampf zwischen Ordnung und Chaos, zwischen Kultur und Wildheit, zwischen dem Verlangen nach Kontrolle und der Erkenntnis der eigenen Ohnmacht. Der Stier ist mehr als nur ein Gegner – er ist ein Spiegelbild der Kräfte, die den Menschen seit jeher antreiben und die ihn zugleich in Ehrfurcht und Schrecken versetzen.

Diese Mythen haben die kulturelle Bedeutung des Stiers über Jahrtausende geprägt und sie haben den Stierkampf als kulturelles Phänomen tief beeinflusst. Der moderne Stierkampf mag auf den ersten Blick eine reine Tradition der Unterhaltung sein, doch seine Wurzeln reichen weit zurück in die tiefen Schichten der menschlichen Psyche und Kultur, in denen der Stier als Symbol für die uralten Kräfte der Natur und des Göttlichen verehrt wurde. In diesen Mythen lebt der Stier weiter – nicht nur als Tier, sondern als ewiges Symbol für die grundlegenden Fragen und Ängste, die die Menschheit seit Anbeginn der Zeit begleiten.

Die Entwicklung des Stierkampfs
im römischen Reich

Die römische Kultur war geprägt von einer ausgeprägten Vorliebe für Spektakel und öffentliche Unterhaltung, die ihre Macht und ihren Reichtum demonstrieren sollten. Eines der markantesten Beispiele für diese Kultur der Schau und des Schauspiels sind die Gladiatorenspiele, die in den riesigen Amphitheatern des Römischen Reiches abgehalten wurden. Innerhalb dieses Kontexts fanden auch die Vorläufer des modernen Stierkampfs ihren Platz, als die Römer begannen, das Ritual des Tierkampfes in ihre Unterhaltungsprogramme zu integrieren. Dies war jedoch nicht einfach eine Übernahme von bestehenden Traditionen, sondern vielmehr eine Weiterentwicklung, die den römischen Geschmack für Blut und Drama widerspiegelte.

Die Römer waren ein Volk, das es verstand, kulturelle Elemente aus den von ihnen eroberten Regionen zu übernehmen und in ihre eigene Kultur zu integrieren. So übernahmen sie auch die Idee des Kampfes gegen wilde Tiere, eine Praxis, die bereits in den Kulturen der Etrusker und Karthager existierte. Während bei den Etruskern Tieropfer Teil religiöser Rituale waren, sahen die Römer in ihnen eine Möglichkeit, ihre Macht über die Natur und die Tierwelt zu demonstrieren. Die Kämpfe gegen wilde Tiere, bekannt als ›Venationes‹, wurden ein fester

Bestandteil der römischen Spiele und erfreuten sich großer Beliebtheit.

Die Venationes fanden meist im Vormittagsprogramm der Gladiatorenspiele statt und boten den Zuschauern eine makabre Unterhaltung, die oft mit dem Tod der Tiere endete. Diese Kämpfe unterschieden sich von den eigentlichen Gladiatorenkämpfen darin, dass sie nicht Mensch gegen Mensch, sondern Mensch gegen Tier inszenierten. Besonders beliebt waren Kämpfe gegen Löwen, Bären, Panther und auch gegen Stiere, die aufgrund ihrer Stärke und Wildheit als besonders herausfordernde Gegner galten. Für die Römer symbolisierten diese Kämpfe nicht nur den Triumph des Menschen über die Natur, sondern auch die Zähmung und Beherrschung wilder Kräfte, die durch die zivilisierte Ordnung Roms unter Kontrolle gebracht wurden.

Im Laufe der Zeit entwickelten sich die Venationes zu immer aufwändigeren Spektakeln. Die Tiere wurden oft in großem Stil aus den Provinzen des Reiches eingeführt, vor allem aus Afrika und dem Nahen Osten, und mit größtem Aufwand in die Arenen der großen Städte gebracht. Stiere, die aufgrund ihrer physischen Kraft und ihrer kulturellen Bedeutung als Opfertiere in vielen antiken Religionen besonders geschätzt wurden, spielten eine zentrale Rolle in diesen Kämpfen. Die Römer betrachteten den Stier als Symbol für Macht, Fruchtbarkeit und Widerstandskraft – Eigenschaften, die sich perfekt in ihre Vorstellungen von einem packenden Spektakel einfügten.

Es ist wichtig zu beachten, dass der römische Stierkampf sich in wesentlichen Punkten von den heutigen Formen des Stierkampfs unterschied. Die Venationes waren in erster Linie darauf ausgelegt, das Publikum zu unterhalten, und weniger darauf, eine symbolische Bedeutung zu vermitteln, wie dies im späteren spanischen Stierkampf der Fall ist. Die römischen Kämpfer, die sich den wilden Tieren stellten, waren häufig verurteilte Verbrecher, Sklaven oder spezielle Tierkämpfer, die sogenannten ›Bestiarii‹. Diese Kämpfer waren nicht immer darauf aus, den Stier zu töten, sondern vielmehr, ihn zu besiegen oder ihn für das Publikum zu zähmen.

Mit der Zeit entwickelten sich die Venationes weiter, und der Kampf gegen den Stier wurde zunehmend ritualisiert. Es wurden spezielle Techniken entwickelt, um das Tier zu kontrollieren und zu besiegen, wobei der Fokus auf den Mut und die Geschicklichkeit des Kämpfers gelegt wurde. Dies spiegelte den römischen Glauben an die Überlegenheit des Menschen über die Natur wider, eine Überzeugung, die durch den Sieg des Kämpfers über den Stier symbolisch bestätigt wurde. Der Kampf gegen den Stier war ein Akt der Machtdemonstration, sowohl auf individueller Ebene als auch im Hinblick auf das römische Reich selbst, das seine Herrschaft über die Tierwelt und damit auch über die Naturgewalten behauptete.

Die Entwicklung des Stierkampfs im Römischen Reich war eng mit den sozialen und politischen Strukturen der Zeit verbunden. Die Spiele dienten nicht nur der Unterhaltung, sondern auch der Machtausübung und der sozialen Kontrolle.

Durch die Inszenierung dieser brutalen Kämpfe wurde den Massen nicht nur ein Ventil für ihre Aggressionen geboten, sondern auch die Überlegenheit der römischen Ordnung über das Chaos der Natur und der Wildnis demonstriert. In den Arenen Roms spielte sich ein symbolischer Kampf ab, in dem der römische Staat seine Macht über das Leben und den Tod, über Mensch und Tier ausstellte.

Doch trotz der Grausamkeit und Brutalität dieser Kämpfe entwickelte sich auch eine Art von Ästhetik um den Kampf gegen den Stier. Die römische Gesellschaft, die in vielerlei Hinsicht von einer tiefen Faszination für den Tod und die Gewalt geprägt war, begann, die Kämpfe in einer Weise zu stilisieren, die an spätere Entwicklungen des Stierkampfs erinnert. Die Geschicklichkeit des Kämpfers, sein Mut und seine Fähigkeit, das Tier zu beherrschen, wurden zunehmend bewundert und geehrt. In gewisser Weise legten die Römer damit den Grundstein für den späteren Stierkampf, wie er sich in Spanien und anderen Ländern entwickelte.

Die römischen Stierkämpfe und die Venationes insgesamt hinterließen einen tiefen kulturellen Eindruck, der die nachfolgenden Jahrhunderte beeinflusste. Mit dem Niedergang des Römischen Reiches verschwanden zwar die großen Gladiatorenspiele und mit ihnen auch die Venationes, doch die Idee des Kampfes zwischen Mensch und Tier blieb in der kollektiven Erinnerung der Völker Europas verankert. Besonders in den iberischen Provinzen, die stark von der römischen Kultur geprägt waren, überlebten die Traditionen der Tierkämpfe, aus denen sich im Mittelalter und der Renaissance die heutigen Formen des Stierkampfs entwickelten.

Der römische Stierkampf war mehr als nur eine grausame Unterhaltung – er war ein Spiegel der römischen Gesellschaft, ihrer Werte und ihres Selbstverständnisses. Die Entwicklung dieser Kämpfe zeigt, wie tief verwurzelt die Vorstellung vom Triumph des Menschen über die Natur in der Kultur des Abendlandes war und wie diese Vorstellung bis in die moderne Zeit nachhallt. Der römische Einfluss auf den Stierkampf ist daher nicht zu unterschätzen, denn er legte die kulturellen und symbolischen Grundlagen, auf denen spätere Generationen ihre eigenen Formen und Rituale des Stierkampfs aufbauten.

Der Einfluss des Christentums und die mittelalterliche Praxis

Mit dem Aufstieg des Christentums im Römischen Reich und seiner späteren Dominanz in Europa erlebten viele der heidnischen Traditionen und Rituale einen tiefgreifenden Wandel oder verschwanden vollständig. Die neuen religiösen und moralischen Normen, die das Christentum propagierte, standen im krassen Gegensatz zu den brutalen und blutigen Spektakeln, die in der römischen Kultur so tief verwurzelt waren. Die Werte von Nächstenliebe, Vergebung und die Betonung auf das Seelenheil, die das Christentum predigte, standen im starken Widerspruch zu den gewaltsamen und oft tödlichen Spielen in den römischen Arenen, darunter auch die Tierkämpfe, die Venationes. Doch trotz der kirchlichen Opposition gelang es dem Stierkampf, in veränderter Form bis ins Mittelalter hinein zu überleben, was auf seine tiefe symbolische Bedeutung und die Anziehungskraft auf die Massen zurückzuführen ist.

Im frühen Christentum gab es einen klaren Widerstand gegen die Gladiatorenkämpfe und ähnliche Spektakel, die als unvereinbar mit den christlichen Lehren galten. Die Kirche verurteilte diese Praktiken als heidnisch und barbarisch und drängte die Gläubigen dazu, sich von solchen Vergnügungen fernzuhalten. Der heilige Augustinus, einer der einflussreichsten Kirchenväter, kritisierte in seinen Schriften die Grausamkeit und Unmoral der römischen Spiele und forderte die Christen auf, sich dem

Einfluss dieser verderblichen Unterhaltungen zu entziehen. Diese Haltung führte schließlich dazu, dass die Gladiatorenkämpfe im Jahr 404 n. Chr. offiziell verboten wurden.

Doch während die institutionalisierte Form der Gladiatorenspiele mit dem Niedergang des Römischen Reiches verschwand, blieben die Grundelemente dieser Spiele – der Kampf zwischen Mensch und Tier – in den kollektiven Traditionen und der Volkskultur erhalten. Der Stier, der in vielen antiken Kulturen als Symbol für Stärke und Fruchtbarkeit verehrt wurde, behielt auch im Christentum eine gewisse symbolische Bedeutung. In der Bibel wird der Stier oft mit Opferhandlungen in Verbindung gebracht, und seine Rolle als Opfergabe in religiösen Zeremonien fand weiterhin statt. Diese rituelle Dimension trug dazu bei, dass der Stierkampf nicht vollständig aus der europäischen Kultur verschwand, sondern in angepasster Form fortbestand.

Während des Mittelalters entwickelte sich der Stierkampf in verschiedenen Regionen Europas weiter, insbesondere auf der Iberischen Halbinsel, die stark vom römischen Erbe geprägt war. In Spanien und Portugal wurden Stierkämpfe nicht nur toleriert, sondern in bestimmten Formen sogar gefördert, insbesondere im Zusammenhang mit Festen und religiösen Feierlichkeiten. Diese mittelalterlichen Stierkämpfe unterschieden sich jedoch stark von den römischen Venationes. Sie waren weniger auf das reine Töten des Tieres ausgerichtet, sondern hatten oft einen festlichen und rituellen Charakter.

In vielen mittelalterlichen Städten und Dörfern wurden Stierkämpfe als Teil der Feierlichkeiten zu Ehren der lokalen Heiligen abgehalten. Diese Veranstaltungen, die oft auf den Marktplätzen stattfanden, hatten eine symbolische Bedeutung und waren Ausdruck von Mut, Tapferkeit und der Fähigkeit, die Kräfte der Natur zu bändigen. In diesem Kontext wurde der Stierkampf zu einem Teil der Volkskultur, der sowohl die heidnischen als auch die christlichen Elemente der Gesellschaft widerspiegelte. Es war eine Zeit, in der das Christentum und die älteren heidnischen Traditionen nebeneinander existierten und sich gegenseitig beeinflussten.

Der mittelalterliche Stierkampf war auch stark von der Ritterkultur beeinflusst, die im Europa des Mittelalters vorherrschte. Ritter, die für ihren Mut und ihre Kampfeskraft verehrt wurden, sahen in den Stierkämpfen eine Gelegenheit, ihre Fähigkeiten und ihren Mut zu demonstrieren. Diese Kämpfe waren oft Teil von Turnieren und anderen ritterlichen Festlichkeiten, bei denen es darum ging, Ehre und Ruhm zu erlangen. In dieser Zeit entwickelte sich der Stierkampf von einer reinen Form der Unterhaltung zu einer rituellen Praxis, die tief in den gesellschaftlichen und kulturellen Strukturen der Zeit verwurzelt war.

Trotz dieser tiefen Verankerung in der mittelalterlichen Gesellschaft blieb der Stierkampf nicht ohne Kontroversen. Die Kirche blieb in ihrer Haltung gegenüber dieser Praxis ambivalent. Während einige Kleriker den Stierkampf als barbarisch und unchristlich verurteilten, sahen andere in ihm eine Möglichkeit, die Tapferkeit und den Mut des christlichen Ritters zu feiern. Diese Spannungen führten dazu, dass der Stierkampf in verschiedenen Regionen Europas unterschiedlich wahrgenommen und praktiziert wurde. In einigen Gebieten, insbesondere in den katholischen Ländern Südeuropas, wurde er als legitime Form des Volkssports und der Unterhaltung angesehen, während er in anderen Teilen Europas zunehmend in Verruf geriet.

Im Laufe der Jahrhunderte entwickelte sich der Stierkampf weiter und nahm die Formen an, die wir heute kennen. Doch die mittelalterliche Praxis legte den Grundstein für viele der Elemente, die den modernen Stierkampf prägen, insbesondere die Verbindung zwischen religiösen Ritualen, sozialem Status und der Demonstration von Mut und Geschicklichkeit. Der Stierkampf im Mittelalter war mehr als nur eine Fortführung der römischen Tradition – er war ein Ausdruck der tiefen kulturellen und religiösen Veränderungen, die Europa in dieser Zeit durchlief. Durch die Anpassung an die christlichen Normen und die Integration in die Volkskultur wurde der Stierkampf zu einem festen Bestandteil des kulturellen Erbes vieler europäischer Regionen.

In dieser Zeit bildeten sich auch die ersten Kodifizierungen und Reglementierungen des Stierkampfs heraus. Der Kampf gegen den Stier wurde zunehmend ritualisiert und stilisiert, was zur Entstehung der ersten festen Regeln führte. Diese Reglementierungen waren nicht nur ein Ausdruck der gesellschaftlichen Ordnung, sondern auch ein Mittel, die Kämpfe sicherer und geregelter zu gestalten. In dieser Phase des Mittelalters entstand auch der Typus des matadorähnlichen Kämpfers, der in späteren Jahrhunderten zu einer zentralen Figur des Stierkampfs werden sollte.

Die mittelalterliche Praxis des Stierkampfs war also eine Zeit des Übergangs, in der alte heidnische Rituale und christliche Werte miteinander verwoben wurden. Diese Epoche legte den Grundstein für die weitere Entwicklung des Stierkampfs, wie wir ihn heute kennen, und zeigt, wie tief diese Tradition in den kulturellen und religiösen Strukturen Europas verwurzelt ist. Der Einfluss des Christentums auf den Stierkampf war ambivalent, da er einerseits zur Verurteilung und Einschränkung dieser Praxis führte, andererseits aber auch zur Transformation und Integration in die christliche Gesellschaft beitrug.

So hinterließ das Mittelalter einen bleibenden Einfluss auf den Stierkampf, der bis in die Neuzeit hinein spürbar ist. Die Symbiose aus heidnischen Traditionen, christlichen Werten und ritterlicher Kultur schuf eine Praxis, die in ihrer Komplexität und Vielschichtigkeit einzigartig ist. Der mittelalterliche Stierkampf war nicht nur ein Spiegelbild seiner Zeit, sondern auch ein wichtiger Schritt in der Evolution dieser handlungsintensiven und umstrittenen Tradition, die bis heute die Gemüter bewegt und die kulturellen Debatten prägt.

Der Stierkampf in Spanien

Die Geburt einer Tradition

Der Stierkampf, wie er heute bekannt ist, hat seine Wurzeln tief in der spanischen Geschichte und Kultur verankert. Während die Ursprünge dieser Praxis weit in die Antike zurückreichen, nahm der moderne Stierkampf seine charakteristische Form erst im Spanien des 18. Jahrhunderts an. Es war eine Zeit des Wandels, in der sich die spanische Gesellschaft im Übergang vom Mittelalter zur Moderne befand. Diese Übergangsphase war geprägt von der Suche nach einer neuen Identität und Ausdrucksform, die sowohl die historischen Traditionen als auch die aufkommenden gesellschaftlichen Veränderungen widerspiegeln konnte.

Die Entstehung des modernen Stierkampfs in Spanien ist eng mit der iberischen Volkskultur und den regionalen Traditionen verbunden, die in vielen Teilen des Landes lebendig waren. Der Stier, seit jeher ein Symbol für Stärke, Mut und Widerstandskraft, war tief in den Riten und Mythen der spanischen Bevölkerung verwurzelt. Doch erst im 18. Jahrhundert begann sich der Stierkampf als organisierte und institutionalisierte Form des Spektakels herauszubilden, die sich vom ländlichen Volksbrauch zur urbanen Unterhaltung entwickelte.

Die ersten offiziellen Stierkämpfe, die als Vorläufer des modernen spanischen Stierkampfs gelten, fanden in der zweiten Hälfte des 18. Jahrhunderts statt. Zu dieser Zeit begann sich der Stierkampf von seinen mittelalterlichen Wurzeln zu lösen und eine eigenständige, stilisierte Kunstform zu entwickeln. Besonders entscheidend für diese Transformation war die Rolle der spanischen Adligen, die den Stierkampf als Mittel nutzten, um ihren Mut und ihre Ritterlichkeit zu demonstrieren. Diese Adligen, die häufig selbst als Reiter am Stierkampf teilnahmen, trugen wesentlich dazu bei, dass der Stierkampf von einer ländlichen Praxis zu einem städtischen Ereignis aufstieg.

Die zunehmende Popularität des Stierkampfs in den Städten führte zur Errichtung der ersten professionellen Stierkampfarenen. Diese Arenen, die ursprünglich einfache, temporäre Strukturen waren, entwickelten sich im Laufe der Zeit zu festen Gebäuden, die speziell für den Stierkampf konzipiert wurden. Die ›Plaza de Toros‹ in Ronda, die 1785 erbaut wurde, gilt als eine der ältesten und berühmtesten Arenen Spaniens und als Symbol für den Aufstieg des Stierkampfs zu einer nationalen Institution. Ronda, eine Stadt in Andalusien, wird oft als Geburtsort des modernen Stierkampfs angesehen, da hier die ersten Schritte zur Formalisierung und Kodifizierung der Stierkampfregeln unternommen wurden.

Eine der Schlüsselfiguren in der Entwicklung des modernen Stierkampfs war Pedro Romero, ein legendärer Torero aus Ronda, der als Begründer der modernen Stierkampftechnik gilt. Romero, der in einer Familie von Stierkämpfern aufwuchs, entwickelte eine neue Art des Stierkampfs, die auf der engen Zusammenarbeit zwischen Mensch und Tier beruhte. Er betonte die Bedeutung der Kunstfertigkeit und des stilistischen Ausdrucks im Kampf, indem er die Bewegung des Toreros in den Mittelpunkt stellte. Romeros Einfluss war so bedeutend, dass seine Techniken und Prinzipien bis heute die Grundlage des modernen Stierkampfs bilden.

In dieser Zeit begann auch die Unterscheidung zwischen den verschiedenen Rollen im Stierkampf: der Matador, der Picador und die Banderilleros. Diese Unterscheidung trug zur weiteren Professionalisierung und Spezialisierung des Stierkampfs bei. Der Matador, der zum zentralen Helden des Spektakels wurde, symbolisierte nicht nur den Kampf gegen das Tier, sondern auch die menschliche Überlegenheit und Kontrolle über die Natur. Seine kunstvollen Bewegungen und der dramaturgische Aufbau des Kampfes wurden zu einer Art choreografierter Darstellung, die sowohl das Publikum fesselte als auch die gesellschaftlichen Werte und Normen widerspiegelte.

Der Aufstieg des Stierkampfs zur nationalen Tradition wurde durch die enge Verbindung dieser Praxis mit der spanischen Kultur und Identität gefördert. Im Laufe des 19. Jahrhunderts gewann der Stierkampf an Popularität und wurde zu einem festen Bestandteil des spanischen Lebens. Er entwickelte sich zu einem Symbol für den Stolz und die Ehre des spanischen Volkes, insbesondere in einer Zeit, in der Spanien mit politischen und sozialen Umwälzungen konfrontiert war. Die Stierkämpfe wurden zu einer Bühne, auf der die Werte von Mut,

Tapferkeit und Geschicklichkeit zelebriert wurden, und zu einem Ausdruck der nationalen Identität, die sich durch die Kraft und Schönheit des Kampfes gegen den Stier manifestierte.

Die Popularität des Stierkampfs führte auch zur Entstehung einer neuen Form der Kunst und Literatur, die sich mit diesem Thema auseinandersetzte. Dichter, Maler und Schriftsteller, sowohl in Spanien als auch international, waren überwältigt von der Dramatik und Symbolik des Stierkampfs. Besonders im sogenannten Goldenen Zeitalter der Stierkampfkunst, das sich von der Mitte des 19. bis ins frühe 20. Jahrhundert erstreckte, entstanden zahlreiche Werke, die die Ästhetik und die tiefere Bedeutung des Stierkampfs erforschten. Der Stierkampf wurde zu einem zentralen Thema in der spanischen Kunst, das die Grenzen zwischen Realität und Mythos, Leben und Tod, Mensch und Tier verschwimmen ließ.

Dieser kulturelle Aufschwung des Stierkampfs führte dazu, dass er nicht nur in Spanien, sondern auch international an Bekanntheit und Anerkennung gewann. Reisende und Schriftsteller aus anderen Ländern, darunter prominente Persönlichkeiten wie Ernest Hemingway, trugen zur Verbreitung und Romantisierung des Stierkampfs bei. Hemingway, der den Stierkampf als eine Form der existenziellen Konfrontation betrachtete, beschrieb die Kämpfe in seinen Werken mit einer Intensität und Leidenschaft, die viele Leser tief beeindruckte. Seine Schilderungen trugen dazu bei, dass der Stierkampf über die Grenzen Spaniens hinaus bekannt wurde und eine weltweite Begeisterung auslöste.

Doch trotz dieser kulturellen Blütezeit war der Stierkampf auch stets Gegenstand von Kontroversen und Kritik. Während viele ihn als Kunstform und Ausdruck des menschlichen Kampfesgeistes feierten, sahen andere in ihm eine grausame und rücksichtslose Praxis, die wenig mit den Idealen von Menschlichkeit und Zivilisation zu tun hatte. Diese Ambivalenz prägt den Stierkampf bis heute und macht ihn zu einem Thema, das sowohl Begeisterung als auch Ablehnung hervorruft.

Die Geburt des modernen Stierkampfs in Spanien war daher nicht nur das Ergebnis einer langen kulturellen Entwicklung, sondern auch ein Ausdruck der Spannungen und Widersprüche, die in der spanischen Gesellschaft und Kultur verankert sind. Der Stierkampf, der aus den ländlichen Traditionen hervorging und sich in den städtischen Arenen entfaltete, wurde zu einem Symbol für die Komplexität und Vielschichtigkeit der spanischen Identität. Er verkörpert sowohl die Schönheit als auch die Brutalität, den Stolz und die Tragödie, die das menschliche Dasein prägen.

Der spanische Stierkampf, wie wir ihn heute kennen, ist somit das Ergebnis eines langen und vielschichtigen Prozesses, in dem historische, kulturelle und soziale Elemente zusammenkamen, um eine Tradition zu schaffen, die einzigartig in ihrer Intensität und Symbolkraft ist. Diese Tradition, die in den Arenen Spaniens lebendig ist, bleibt ein schockierendes und kontroverses Kapitel der menschlichen Geschichte, das weiterhin die Gemüter bewegt und die kulturellen Debatten prägt. In der

Spannung zwischen Bewunderung und Ablehnung zeigt sich die tiefe Ambivalenz, die den Stierkampf zu einem so bedeutenden und umstrittenen Phänomen macht.

Die Struktur einer Corrida

Der Stierkampf, bekannt als ›Corrida de Toros‹, ist eine tief in der spanischen Kultur verwurzelte Tradition, die sich über Jahrhunderte entwickelt hat. Die Corrida ist ein komplexes Ritual, das in seiner Struktur eine kunstvolle Choreografie darstellt, in der Mensch und Tier in einem dramatischen Kampf aufeinandertreffen. Jede Corrida folgt einer präzisen Abfolge von Akten und Ritualen, die nicht nur den Ablauf des Kampfes bestimmen, sondern auch die symbolische Bedeutung der Begegnung zwischen dem Torero und dem Stier hervorheben.

Eine Corrida besteht typischerweise aus drei Hauptakteuren: dem Matador, dem Picador und den Banderilleros, die jeweils eine spezifische Rolle in der Arena spielen. Doch bevor der erste Akt beginnt, eröffnet die Corrida mit einem feierlichen Einzug, der sogenannten Paseíllo. Dieser Moment, in dem die Toreros und ihre Teams unter den feierlichen Klängen traditioneller Musik in die Arena einziehen, markiert den Beginn des Rituals und schafft eine Atmosphäre der Erwartung und Spannung. Der Paseíllo ist eine Demonstration der Tradition und Ehre, bei der die Protagonisten dem Publikum ihre Aufstellung und Haltung präsentieren.

Nach dem feierlichen Einzug folgt der erste Akt der Corrida, der als ›tercio de varas‹ bekannt ist. In diesem Abschnitt betritt der Matador zusammen mit den Picadores die Arena. Der Stier wird zum ersten Mal in den Ring gelassen, wild und ungebändigt, und beginnt, seine Umgebung zu erkunden. Der Matador tritt dem Stier gegenüber, um dessen Stärke, Aggressivität und Bewegungsmuster zu beurteilen. Dies ist der Moment, in dem die erste Interaktion zwischen Mensch und Tier stattfindet, und es liegt am Matador, die Kontrolle über die Situation zu erlangen.

Der Höhepunkt dieses ersten Akts ist der Einsatz der Picadores, berittene Toreros, die lange Lanzen, die sogenannten *Varas*, tragen. Die Picadores reiten auf gepanzerten Pferden und stoßen die Lanzen in den Nackenmuskel des Stiers, um ihn zu schwächen. Dieser Moment ist von entscheidender Bedeutung, da er nicht nur die physische Kraft des Stiers mindert, sondern auch die Dynamik des restlichen Kampfes beeinflusst. Der Akt des Lanzenstoßes wird oft kontrovers diskutiert, da er das Tier sichtbar verletzt und die Grausamkeit des Kampfes offenbart. Doch innerhalb der Corrida ist es ein wesentlicher Schritt, der die Spannung zwischen Mensch und Tier weiter aufbaut und den Weg für die folgenden Akte ebnet.

Nach dem ersten Akt beginnt der zweite Abschnitt der Corrida, das ›tercio de banderillas‹. In diesem Akt betreten die Banderilleros die Arena und stechen bunte, mit Widerhaken versehene Spieße, die sogenannten Banderillas, in die Schultern des Stiers. Diese Spieße sollen den Stier weiter schwächen und seine Bewegungen einschränken, während sie gleichzeitig den Kampf optisch dramatisieren. Die Banderilleros führen ihre Aufgabe mit einer Mischung aus Geschicklichkeit und Wagemut aus, indem sie dem Stier in einem Tanz aus Nähe und Gefahr gegenübertreten. Der Einsatz der Banderillas ist ein weiterer Schritt in der Eskalation des Kampfes, der die Spannung im Publikum steigert und den Stier zunehmend auf den finalen Akt vorbereitet.

Der dritte und letzte Akt der Corrida ist das ›tercio de muerte‹, der ›Akt des Todes‹. In diesem Höhepunkt des Kampfes tritt der Matador allein gegen den Stier an. Bewaffnet mit einem roten Tuch, der *Muleta*, und einem Degen, stellt sich der Matador der finalen Herausforderung. Die Muleta, die der Matador in geschickten Bewegungen vor dem Stier schwingt, dient nicht nur dazu, das Tier zu provozieren, sondern ist auch ein symbolisches Werkzeug, das die Intelligenz und Finesse des Matadors demonstriert. Die Muleta lenkt den Stier, während der Matador versucht, den richtigen Moment zu finden, um den finalen Stich zu setzen.

Dieser letzte Akt ist das Herzstück der Corrida, in dem sich das gesamte Drama und die symbolische Bedeutung des Kampfes verdichten. Es ist ein Moment höchster Konzentration und Präzision, in dem der Matador nicht nur gegen den Stier, sondern auch gegen seine eigenen Ängste und Zweifel antritt. Der finale Degenstoß, der als Estocada bezeichnet wird, ist der entscheidende Moment des Kampfes. Wenn der Stich richtig gesetzt wird, geht der Stier zu Boden und stirbt, wodurch der Matador den Kampf für sich entscheidet. Das Publikum bewertet diesen letzten Akt nicht nur nach seiner

Effektivität, sondern auch nach der Eleganz und Kunstfertigkeit, mit der er ausgeführt wurde.

Nach dem Tod des Stiers wird das Tier aus der Arena gezogen, und je nach der Leistung des Matadors wird dieser vom Publikum mit verschiedenen Ehren bedacht, wie dem Abschneiden von Ohren oder dem Schwanz des Stiers als Trophäe. Diese Ehrungen symbolisieren den Erfolg und die Meisterschaft des Matadors und sind eine Anerkennung seiner Fähigkeit, das Ritual des Stierkampfs mit Anmut und Tapferkeit zu vollziehen.

Die Struktur einer Corrida ist somit nicht nur ein Ablauf von Aktionen, sondern ein sorgfältig inszeniertes Ritual, das tief in der symbolischen und kulturellen Bedeutung des Stierkampfs verwurzelt ist. Jede Phase des Kampfes, von der Eröffnung bis zum finalen Stich, ist durchdrungen von einer Kombination aus Kunst, Gewalt und Ritual, die den Stierkampf zu einer einzigartigen Form der darstellenden Kunst machen. Die Corrida, in all ihrer Komplexität und Widersprüchlichkeit, spiegelt die tiefen Emotionen und moralischen Spannungen wider, die mit dem menschlichen Streben nach Macht, Kontrolle und Ausdruck verbunden sind.

Die Zucht der Kampfstiere

In den weitläufigen Weiden Südspaniens und anderen Regionen der iberischen Halbinsel erstrecken sich riesige Ländereien, die der Zucht eines besonderen Tieres dienen – des Kampfstiers. Diese majestätischen Tiere, die unter dem Namen ›Toros Bravos‹ bekannt sind, stehen im Mittelpunkt einer Tradition, die tief in der spanischen Kultur verwurzelt ist: dem Stierkampf. Doch bevor ein Stier die Arena betritt, um sich dem Matador zu stellen, liegt ein langer und sorgfältiger Prozess der Zucht und Auswahl hinter ihm. Dieser Prozess, der sowohl Wissenschaft als auch Kunst umfasst, zielt darauf ab, Stiere hervorzubringen, die für ihre Kraft, ihren Mut und ihre unverwechselbare Präsenz in der Arena berühmt sind.

Die Zucht von Kampfstieren ist eine jahrhundertealte Praxis, die auf einer Kombination aus genetischer Selektion, traditionellem Wissen und einem tiefen Verständnis für das Verhalten und die Bedürfnisse dieser Tiere beruht. Die Züchter, bekannt als Ganaderos, spielen eine entscheidende Rolle in diesem Prozess. Sie wählen die Elterntiere sorgfältig aus, um die gewünschten Eigenschaften zu fördern. Diese Auswahl basiert nicht nur auf physischen Merkmalen wie Körperbau und Größe, sondern auch auf dem Temperament und dem Kampfgeist der Tiere. Ein idealer Kampfstier zeichnet sich durch eine Mischung aus Aggressivität, Widerstandskraft und Intelligenz aus

– Eigenschaften, die ihn zu einem würdigen Gegner in der Arena machen.

Die genetische Selektion ist dabei ein zentrales Element. Seit Generationen arbeiten die Ganaderos daran, die besten Blutlinien zu bewahren und weiterzuentwickeln. Sie verfolgen akribisch die Abstammung ihrer Stiere und dokumentieren die Leistungen sowohl der Elterntiere als auch ihrer Nachkommen. Es geht darum, jene genetischen Kombinationen zu identifizieren, die die besten Kampfstiere hervorbringen. Dabei wird besonderes Augenmerk auf den *Bravura*, den Mut des Tieres, gelegt. Ein Kampfstier muss nicht nur körperlich stark sein, sondern auch einen unbezwingbaren Willen und Kampfeslust zeigen – Eigenschaften, die in der Arena zur Geltung kommen und die den Stierkampf erst zu dem machen, was er ist.

Nachdem die genetische Auswahl getroffen wurde, beginnt die Aufzucht der jungen Stiere, die in der Regel in halbwilden Herden auf ausgedehnten Weideflächen aufwachsen. Diese Umgebung bietet den Tieren die Freiheit, ihre natürliche Stärke und ihre Instinkte zu entwickeln. Die jungen Stiere, die *Becerros*, verbringen die ersten Jahre ihres Lebens in diesen Herden, wo sie das Leben in der Natur in vollen Zügen genießen. Diese Phase der Aufzucht ist entscheidend, da sie die Grundlage für die spätere Entwicklung der Tiere legt. Die Weite der Landschaft und die ständige Bewegung in der Herde fördern ihre körperliche Fitness und Widerstandskraft.

In den ersten Lebensjahren werden die Stiere nur minimal vom Menschen beeinflusst. Sie wachsen in einer Umgebung auf, die es ihnen ermöglicht, ihre natürlichen Instinkte zu bewahren. Dieser Aspekt der Zucht ist von großer Bedeutung, da die Stiere in der Arena auf ihren Instinkt und ihre angeborenen Fähigkeiten angewiesen sind. Ein Kampfstier muss in der Lage sein, schnell und entschlossen zu handeln, und diese Fähigkeiten werden durch die Art und Weise, wie er aufwächst, gefördert.

Nach etwa zwei Jahren beginnt ein selektiver Prozess, bei dem die Stiere auf ihre Eignung für den Kampf getestet werden. In sogenannten *Tentaderos* werden die jungen Stiere in einer geschützten Umgebung auf ihre Kampfbereitschaft und ihren Mut hin geprüft. Diese Tests, bei denen Stiere unter kontrollierten Bedingungen mit einem Picador und einem Matador konfrontiert werden, bieten den Züchtern wertvolle Einblicke in das Verhalten und die Fähigkeiten jedes einzelnen Tieres. Nur die besten und mutigsten Stiere werden für die Arena ausgewählt; diejenigen, die nicht die erwartete Leistung erbringen, werden von der weiteren Zucht ausgeschlossen oder für andere Zwecke genutzt.

Während der Testphase wird auch das Verhalten der Tiere genau beobachtet. Ein idealer Kampfstier sollte nicht nur mutig und aggressiv sein, sondern auch eine gewisse Intelligenz zeigen. Diese Intelligenz manifestiert sich in der Fähigkeit des Tieres, seine Angriffe zu variieren, sich an die Bewegungen des Matadors anzupassen und in entscheidenden Momenten eine eigene Strategie zu entwickeln. Diese Eigenschaften machen den Stier nicht nur zu einem gefährlichen Gegner, sondern auch zu einem handlungsintensiven Teilnehmer des Rituals, da sie die Dynamik des Kampfes unvorhersehbar und spannend gestalten.

Nach der erfolgreichen Selektion beginnt die letzte Phase der Vorbereitung, in der die ausgewählten Stiere auf den eigentlichen Kampf in der Arena vorbereitet werden. Diese Phase umfasst eine spezielle Diät und ein leichtes Training, das sicherstellt, dass die Stiere in optimaler körperlicher Verfassung sind. Dennoch wird darauf geachtet, die natürliche Aggressivität und den Instinkt der Tiere nicht durch übermäßige menschliche Einflüsse zu beeinträchtigen. Der Stier soll in der Arena als wildes, ungebändigtes Tier erscheinen, das seine Kraft und seinen Mut in einem authentischen Kampf unter Beweis stellt.

Der Prozess der Zucht und Aufzucht von Kampfstieren ist ein langwieriger und anspruchsvoller Weg, der sich über mehrere Jahre erstreckt. Er erfordert von den Ganaderos nicht nur Fachwissen und Erfahrung, sondern auch eine tiefe Leidenschaft für das, was sie tun. Jeder Kampfstier, der in die Arena tritt, ist das Ergebnis einer sorgfältigen und überlegten Arbeit, die sowohl die Tradition des Stierkampfs als auch die Kunst der Zucht ehrt. Die Auswahl der richtigen Tiere, die Gewährleistung ihrer optimalen Entwicklung und die Vorbereitung auf den finalen Kampf sind entscheidende Schritte, die darüber entscheiden, ob der Stier den Erwartungen gerecht wird.

Die Zucht von Kampfstieren ist somit mehr als nur ein landwirtschaftlicher Prozess. Sie ist eine Kunstform, die auf Tradition, Wissen und Respekt für das Tier basiert. Diese Tiere, die im Mittelpunkt eines der kontroversesten und zugleich unglaublichsten Rituale der menschlichen Kultur stehen, verkörpern in ihrer Stärke, ihrem Mut und ihrer Wildheit die Essenz dessen, was den Stierkampf ausmacht. Ihre Reise von den Weiden bis in die Arena ist eine Geschichte von natürlicher Kraft, sorgfältiger Auswahl und einer tiefen Verbindung zwischen Mensch und Tier, die in der dramatischen Begegnung in der Arena ihren Höhepunkt findet.

Das Leben eines Toreros

Vom Novillero zum Maestro

Der Weg eines Toreros ist ein steiniger und oft gefährlicher Pfad, der viel mehr erfordert als bloßes Talent und Mut. Es ist eine Reise, die in der Kindheit beginnt und die unermüdliche Hingabe, Opferbereitschaft und eine tiefe Leidenschaft für den Stierkampf verlangt. Vom ersten Mal, wenn ein Junge den Wunsch verspürt, den roten Umhang zu schwingen, bis hin zum Ruhm und der Ehre, die einem Maestro zuteilwerden, ist der Weg gespickt mit Prüfungen, Erfolgen und nicht selten auch Niederlagen.

Der Traum, Torero zu werden, beginnt häufig in den frühen Jahren, meist in einer Umgebung, in der der Stierkampf eine zentrale Rolle im kulturellen Leben spielt. Oft sind es die Söhne von Stierkämpfern, Züchtern oder Enthusiasten, die sich zum ersten Mal in den ›Plaza de toros‹ wagen, um den Zauber und die Faszination dieser uralten Tradition zu erleben. Für viele dieser Jungen wird der erste Kontakt mit der Arena zu einem prägenden Moment, einem Funken, der eine Leidenschaft entfacht, die ein Leben lang anhalten wird.

Die ersten Schritte auf diesem Weg unternimmt ein angehender Torero als Novillero, ein junger Stierkämpfer, der noch am Anfang seiner Karriere steht und zunächst kleinere Stiere, sogenannte Novillos, bekämpft. Diese Phase der Ausbildung ist von entscheidender Bedeutung, da sie den jungen Kämpfer auf die Herausforderungen und Gefahren des Stierkampfs vorbereitet. Die Novilladas, die Kämpfe der Novilleros, bieten eine Bühne, auf der sie ihr Können beweisen, aber auch ihre Schwächen offenbaren können. Die Arena verzeiht keine Fehler, und jeder Kampf ist eine Lektion, die entweder den Weg zum Erfolg ebnet oder den Traum vorzeitig beendet.

Für den Novillero ist diese Phase nicht nur eine Zeit des Lernens, sondern auch des Ringens um Anerkennung. Die Konkurrenz ist groß, und nur die talentiertesten und entschlossensten Kämpfer schaffen den Sprung in die höheren Ränge. Die Ausbildung zum Torero ist nicht formell geregelt; sie erfolgt in der Regel durch erfahrene Matadore, die die jungen Novilleros unter ihre Fittiche nehmen. Diese Mentoren lehren ihre Schützlinge nicht nur die technischen Fertigkeiten des Stierkampfs, sondern auch die Philosophie und das Ethos, das den Stierkampf durchdringt. Ein guter Torero muss mehr sein als nur ein geschickter Kämpfer – er muss das Publikum durch seine Haltung, seinen Mut und seine Beherrschung der Angst begeistern.

Wenn ein Novillero genügend Erfahrung gesammelt und sich in zahlreichen Kämpfen bewiesen hat, steht der nächste entscheidende Schritt in seiner Karriere bevor: die *alternativa*. Dies ist die Zeremonie, in der der Novillero offiziell zum ›Matador de toros‹ ernannt wird, einem vollwertigen Stierkämpfer, der nun in der Lage ist, ausgewachsene Stiere zu bekämpfen. Die *alternativa* ist ein bedeutendes Ritual, das meist in einer feierlichen Atmosphäre stattfindet und symbolisch den Übergang von der Lehrzeit in die Meisterschaft markiert. Sie wird in der Regel von einem erfahrenen Maestro durchgeführt, der dem neuen Matador seinen ersten Stier in der ›Plaza de toros‹ präsentiert.

Nach der *alternativa* beginnt die eigentliche Karriere des Matadors. Es ist eine Zeit des ständigen Reisens von Arena zu Arena, von Stadt zu Stadt, immer auf der Suche nach Ruhm und Anerkennung. Die Popularität eines Matadors hängt nicht nur von seinen technischen Fähigkeiten ab, sondern auch von seiner Persönlichkeit, seinem Charisma und seiner Fähigkeit, eine einzigartige Beziehung zum Publikum aufzubauen. In der Arena geht es nicht nur darum, den Stier zu besiegen; es geht darum, ein Kunstwerk zu schaffen, das die Zuschauer in seinen Bann zieht. Die größten Matadore sind jene, die den Kampf zu einem intensiven, emotionalen Erlebnis machen, in dem die Grenze zwischen Leben und Tod spürbar wird.

Der Weg zum Ruhm ist jedoch mit Gefahren gepflastert. Verletzungen sind ein ständiger Begleiter, und viele Matadore tragen die Narben ihrer Kämpfe stolz zur Schau. Die Kunst des Stierkampfs ist eine Kunst der Präzision und des Timings, doch auch die erfahrensten Kämpfer können Fehler machen oder das unberechenbare Verhalten eines Stiers falsch einschätzen. Ein einziger Moment der Unachtsamkeit kann verheerende Folgen haben. Doch trotz der Risiken, oder vielleicht gerade wegen ihnen, übt der Stierkampf eine unwiderstehliche Anziehungskraft auf seine Protagonisten aus. Für viele Matadore ist der Kampf in der Arena eine existenzielle Erfahrung, die sie immer wieder suchen.

Mit der Zeit und den Erfolgen kommt für einige Matadore der Moment, in dem sie den Titel Maestro verdienen – eine Auszeichnung, die ihnen die höchste Ehre und den Respekt ihrer Kollegen und des Publikums einbringt. Ein Maestro ist nicht nur ein Meister seines Handwerks, sondern auch ein Vorbild und Lehrer für die nächste Generation von Stierkämpfern. Er verkörpert das Beste, was der Stierkampf zu bieten hat, und sein Name wird oft mit den großen Legenden des Stierkampfs in einem Atemzug genannt.

Doch der Ruhm eines Maestro ist vergänglich, und der Ruhestand naht unausweichlich. Viele Matadore ziehen sich nach Jahren intensiver Kämpfe zurück und hinterlassen ein Erbe, das in den Erinnerungen der Zuschauer und den Geschichten, die über sie erzählt werden, weiterlebt. Für einige ist der Übergang in den Ruhestand schwierig, da sie die Aufregung und den Adrenalinschub der Arena vermissen. Einige finden Trost darin, ihr Wissen und ihre Erfahrung an jüngere Toreros weiterzugeben, während andere sich in das Privatleben zurückziehen, fernab des Rampenlichts.

Das Leben eines Toreros ist ein außergewöhnlicher Weg, der von Leidenschaft, Mut und einer tiefen Verbundenheit mit einer uralten Tradition geprägt ist. Vom Novillero bis zum Maestro ist es eine Reise, die das Leben eines Menschen vollständig in Anspruch nimmt, ihm aber auch eine unvergessliche und unvergleichliche Erfahrung bietet. Der Stierkampf ist mehr als nur ein Beruf – er ist eine Berufung, die das Herz und die Seele derjenigen, die ihn ausüben, tief berührt und formt.

Rituale und Vorbereitungen

vor dem Kampf

Am Tag des Stierkampfs liegt eine besondere Spannung in der Luft. Es ist ein Tag, der von Ritualen, tief verwurzelten Traditionen und einer fast greifbaren Erwartungshaltung geprägt ist. Sowohl der Stier als auch der Torero bereiten sich auf ein Duell vor, das seit Jahrhunderten unverändert in seiner dramatischen Intensität und symbolischen Bedeutung stattfindet. Die Vorbereitungen beginnen früh am Morgen und ziehen sich bis zum letzten Moment vor dem Kampf hin, wobei jeder Schritt genau durchdacht und voller Bedeutung ist.

Für den Stier beginnt der Tag anders als die unzähligen Tage zuvor, die er in den Weiten der *Dehesa*, den offenen Weidelandschaften Spaniens, verbracht hat. Der Stier, ein prachtvolles Tier, dessen Kraft und Wildheit über Jahre hinweg gezüchtet und gefördert wurden, spürt die Veränderung in der Atmosphäre. Er wird aus seinem gewohnten Umfeld herausgenommen und in einen engen, dunklen Stall gebracht, in dem er bis zu seinem Auftritt in der Arena verbleiben wird. Die Dunkelheit und Enge sind Teil einer gezielten Strategie, um das Tier zu verwirren und seine Aggressionen zu steigern, bevor es in die ›Plaza de toros‹ geführt wird. Diese letzte Zeit in Isolation trägt dazu bei, seine Sinne zu schärfen und ihn in einen Zustand erhöhter Reizbarkeit zu versetzen.

Währenddessen durchläuft der Torero, der den Stier bekämpfen wird, seine eigenen Vorbereitungen. Der Morgen des Kampfes ist für ihn eine Zeit der Besinnung und Konzentration. Traditionell verbringt der Torero diese Stunden im Kreise seiner engsten Vertrauten, oft in der *Capilla*, einer kleinen Kapelle, in der er um Schutz und Stärke betet. Der Besuch der Kapelle ist mehr als ein religiöses Ritual; er ist ein Ausdruck der Demut und des Respekts vor der Gefahr, die ihn erwartet. Der Torero ist sich der Risiken bewusst, die mit jedem Kampf einhergehen, und sucht in diesem Moment innere Ruhe und geistige Stärke.

Ein weiteres wichtiges Ritual ist das Ankleiden des Toreros, eine feierliche Zeremonie, die viel mehr ist als das bloße Anlegen von Kleidung. Der ›traje de luces‹ – der Anzug der Lichter – ist ein Meisterwerk der Schneiderkunst, das in aufwendiger Handarbeit gefertigt wird. Er ist nicht nur funktional, sondern auch ein Symbol für die Ehre und Tradition des Stierkampfs. Jeder Faden, jede Stickerei trägt eine Bedeutung, und der Moment des Ankleidens ist für den Torero ein Augenblick der Transformation. Während er den ›traje de luces‹ anlegt, nimmt er seine Rolle als Kämpfer, Künstler und Symbolträger an. Diese Vorbereitung wird oft von seinem ›mozo de espadas‹ begleitet, dem treuen Assistenten, der den Torero während des gesamten Kampfes unterstützt und ihm zur Seite steht.

Das Ankleiden des Toreros ist ein stiller, meditativer Akt. Jeder Schritt, von der sorgfältigen Anordnung der Seide und

Goldstickereien bis hin zum Festziehen der schmalen Hosen, ist durchdrungen von Respekt und Tradition. Der ›traje de luces‹ ist mehr als nur Kleidung; er ist eine Rüstung, die den Torero nicht nur körperlich, sondern auch seelisch auf das bevorstehende Duell vorbereitet. Der Augenblick, in dem der Torero vollständig angekleidet ist und in den Spiegel blickt, markiert den Punkt, an dem er bereit ist, seine Rolle zu übernehmen und sich der Herausforderung zu stellen.

Während der Torero sich vorbereitet, werden auch die Waffen, die im Kampf verwendet werden, genau geprüft und bereitgelegt. Die *estoque*, das Schwert, und die Muleta, der rote Umhang, sind nicht nur Werkzeuge, sondern Symbole für die Kunst des Stierkampfs. Die estoque muss perfekt ausbalanciert sein, um im entscheidenden Moment präzise und tödlich zuschlagen zu können, während die Muleta nicht nur zur Lenkung des Stiers dient, sondern auch ein Mittel ist, mit dem der Torero seine Kunstfertigkeit und sein Können zur Schau stellt. Der ›mozo de espadas‹ spielt eine entscheidende Rolle bei der Vorbereitung dieser Utensilien und sorgt dafür, dass sie in einwandfreiem Zustand sind.

Kurz vor dem Kampf versammelt sich der Torero ein letztes Mal mit seinem Team, um die Strategie für den bevorstehenden Kampf zu besprechen. Diese letzte Besprechung ist ein Moment der Konzentration und des Fokus. Der Torero geht noch einmal die Bewegungen und Techniken durch, die er anwenden will, während seine Assistenten ihm zur Seite stehen und ihm das Vertrauen geben, das er braucht. Es ist ein Moment des stillen Einverständnisses und der Vorbereitung auf das, was in der Arena geschehen wird.

In der Zwischenzeit wird der Stier aus seinem Stall in einen speziellen Transportkorridor geführt, der ihn zur Arena bringt. Die Spannung steigt, während das Tier die fremde Umgebung betritt und sich auf das bevorstehende Spektakel vorbereitet. Der Stier weiß nichts von dem, was ihn erwartet, aber seine Instinkte sagen ihm, dass er kämpfen muss. Die Enge des Korridors, die Geräusche der Menge, die er aus der Ferne hören kann, und der Geruch der Arena tragen alle dazu bei, seine Aggression und Unruhe zu steigern.

Der Moment, in dem der Stier die Arena betritt, markiert den Höhepunkt der Vorbereitungen. Das Tor wird geöffnet, und das Tier tritt in das grelle Licht der Arena, umgeben von den Jubelschreien der Menge. Auf der anderen Seite wartet der Torero, bereit, sich dem Stier in einem Kampf zu stellen, der seit Jahrhunderten unverändert geblieben ist. Beide Protagonisten – der Stier und der Torero – haben ihre eigenen Rituale und Vorbereitungen durchlaufen, die sie auf diesen Moment vorbereitet haben. Nun stehen sie sich gegenüber, bereit, das uralte Drama des Stierkampfs erneut aufleben zu lassen.

Die Vorbereitungen vor dem Kampf sind daher mehr als nur eine Serie von mechanischen Abläufen. Sie sind ein tief verwurzelter Teil der Tradition, die den Stierkampf zu dem macht, was er ist – ein Ritual, ein Kunstwerk und ein Duell auf Leben und Tod. In diesen Stunden vor dem Kampf vereinen sich

Respekt, Ehrfurcht und eine fast mystische Verbindung zu den uralten Wurzeln des Stierkampfs, die sowohl den Stier als auch den Torero auf den bevorstehenden Augenblick vorbereiten.

Die Verlosung

Auswahl und Spannung

Der Stierkampf, in seiner ganzen dramatischen Inszenierung, ist ein komplexes Zusammenspiel aus Ritualen, Traditionen und einem tief verwurzelten Symbolismus. Unter all diesen Aspekten nimmt die Verlosung – die *sorteo* – einen besonders zentralen Platz ein. Es ist ein Moment, der mit Spannung aufgeladen ist, ein entscheidender Schritt, der den weiteren Verlauf des Tages maßgeblich beeinflusst. Für den Torero bedeutet die Verlosung weit mehr als nur die Zuweisung eines Stiers; sie ist ein schicksalhafter Augenblick, in dem sich die Weichen für Sieg oder Niederlage, Ruhm oder Gefahr stellen.

Der Prozess der Verlosung beginnt meist am Morgen des Kampfes in einer unscheinbaren, oft abseits gelegenen Kammer der Arena. Hier versammeln sich die Vertreter der Ganaderías – der Zuchtbetriebe, die die Stiere für den Kampf stellen – sowie die Toreros und ihre Apoderados, die Manager oder Agenten, die sie vertreten. Diese kleine, geschlossene Versammlung trägt eine feierliche, fast rituelle Atmosphäre, in der die Anspannung greifbar ist. Die Wände sind oft geschmückt mit Bildern vergangener Kämpfe, die an die Glanzzeiten vergangener Helden und legendärer Stiere erinnern.

Auf einem Tisch in der Mitte des Raumes liegen die Lose bereit, jedes mit einer Nummer versehen, die einem bestimmten Stier entspricht. Diese Nummern sind sorgfältig vorbereitet, denn sie tragen eine enorme Bedeutung. Jeder Stier hat seine eigene Geschichte, seine eigenen Eigenschaften und seinen eigenen Ruf, der ihm vorausgeht. Die Stiere, die für die Corrida ausgewählt wurden, haben bereits eine intensive Zeit der Zucht, Aufzucht und Vorbereitung hinter sich. Ihre Stärke, Aggressivität und Tapferkeit sind bekannt, zumindest bis zu einem gewissen Grad. Doch kein Mensch kann die tatsächliche Leistung eines Stiers in der Arena vorhersehen, und genau darin liegt die unberechenbare Spannung der Verlosung.

Der Moment der Losziehung ist von einem seltsamen Schweigen umgeben. Jeder Anwesende weiß um die Bedeutung dieses Augenblicks. Die Toreros stehen angespannt, jeder mit seinen eigenen Gedanken und Hoffnungen. Einige mögen auf einen leichteren Stier hoffen, einen, der weniger wild oder weniger gefährlich scheint, während andere darauf vertrauen, dass ihnen ein besonders kraftvolles und imposantes Tier zugeteilt wird, dessen Besiegung ihnen besonderen Ruhm einbringen könnte. Doch was auch immer die individuellen Wünsche sein mögen, keiner von ihnen hat die Kontrolle über das Ergebnis. Die Verlosung ist ein Spiel des Zufalls, ein Moment, in dem sich die Schicksalsfäden auf eine Art und Weise verknüpfen, die niemand vorhersehen kann.

Ein Vertreter der Ganadería greift nacheinander zu den Losen, während die Namen der Toreros und die entsprechenden

Stiere verlesen werden. Jedes Mal, wenn ein Name genannt wird, huscht ein kaum merklicher Ausdruck über das Gesicht des betreffenden Toreros. Freude, Erleichterung, Nervosität, vielleicht sogar Angst – all diese Emotionen spielen sich in einem Bruchteil einer Sekunde ab, bevor der Ausdruck wieder in die gewohnte Maske der Professionalität übergeht. Doch innerlich brodelt es, denn mit jedem gezogenen Los wird das Schicksal ein Stück weit klarer. Die Spannung wächst mit jedem Namen, der genannt wird, bis schließlich alle Stiere den Toreros zugeteilt sind.

Nach der Verlosung tritt eine seltsame Ruhe ein. Die Toreros, nun im Wissen darüber, welchem Stier sie sich stellen müssen, beginnen innerlich, sich auf den bevorstehenden Kampf vorzubereiten. Für sie ist dies der Moment, in dem der Tag des Kampfes wirklich beginnt. Die Verlosung hat die Karten verteilt, nun liegt es an ihnen, das Beste aus ihrem Los zu machen. Dieser Moment der Reflexion ist entscheidend, denn er bestimmt, wie sich der Torero in den kommenden Stunden mental auf das Duell vorbereitet.

Ein erfahrener Torero wird diese Zeit nutzen, um sich mit den Eigenheiten seines Stiers vertraut zu machen. Er wird sich bei den Ganaderos über die Herkunft des Tiers erkundigen, seine Linie, seine Mutter, seine Verhaltensweisen. All diese Informationen sind wertvoll, doch sie sind lediglich Hinweise, nicht Garantien. Der Stier bleibt eine unberechenbare Naturgewalt, die erst in der Arena ihr wahres Gesicht zeigen wird. Dennoch gibt das Wissen um den Gegner dem Torero eine gewisse Sicherheit, eine Grundlage, auf der er seine Taktik aufbauen kann.

Auch die Reihenfolge, in der die Stiere in die Arena geführt werden, wird durch die Verlosung bestimmt. Dies ist ein weiterer wichtiger Aspekt, der den Verlauf des Kampfes beeinflusst. Ein Torero, der als erster antritt, muss den Kampf eröffnen, den Ton setzen und sich der Erwartung des Publikums stellen. Wer später kämpft, hat den Vorteil, die Reaktionen der Menge und die Leistung der vorangegangenen Toreros zu beobachten, doch auch die Geduld des Publikums kann bis dahin auf die Probe gestellt sein. Die Reihenfolge kann also sowohl Vorteil als auch Nachteil bedeuten, je nach Perspektive.

Nach der Verlosung kehrt jeder Torero in seine privaten Gemächer zurück, um sich mental und physisch auf den Kampf vorzubereiten. Die Verlosung hat die Grundlage geschaffen, nun beginnt die eigentliche Arbeit: die intensive Konzentration auf das, was kommen wird. In diesen Stunden vor dem Kampf durchlebt der Torero eine Vielzahl von Emotionen – von Zweifel und Angst bis hin zu Entschlossenheit und Kampfgeist. Der Stier, der ihm zugeteilt wurde, ist nun mehr als nur ein Tier; er ist ein Gegner, ein Symbol, eine Herausforderung, die es zu bewältigen gilt.

Die Verlosung ist somit nicht nur ein mechanischer Akt der Zuteilung, sondern ein ritueller Moment von tiefgreifender Bedeutung. Sie entscheidet über den Verlauf des Tages, beeinflusst die Taktik und Strategie und prägt die innere Haltung des

Toreros. In diesem Augenblick, in dem die Lose gezogen werden, beginnt das Drama des Stierkampfs, das sich erst Stunden später in der Arena vollständig entfalten wird. Die Verlosung ist der erste Schritt auf dem Weg zu einem unvergesslichen Duell, bei dem das Schicksal, der Zufall und die Kunstfertigkeit des Toreros aufeinandertreffen.

Die Arena

Ort der Macht und des Rituals

Inmitten der Stadt, oft an einem zentralen Punkt, erhebt sich die Arena wie ein steinernes Monument, das Zeit und Wandel trotzt. Ihre hohen Mauern, die durch Jahrhunderte hindurch sowohl Ruhm als auch Tragik erlebt haben, sind mehr als nur Architektur; sie sind Zeugen und Akteure einer uralten Tradition, die das Verhältnis zwischen Mensch und Natur in einer einzigartigen Art und Weise inszeniert. Die Stierkampfarena ist nicht nur ein Ort des Spektakels, sondern ein Ort der Macht, des Rituals und der tief verwurzelten Symbolik. Sie ist ein Raum, in dem Mythen lebendig werden und in dem die menschliche Zivilisation sich in ihrem Drang zur Kontrolle und Dominanz über die Natur widerspiegelt.

Die Ursprünge der Stierkampfarena gehen weit zurück und sind eng mit der Entwicklung öffentlicher Arenen in der antiken Welt verbunden. Schon die Römer errichteten Amphitheater, um darin ihre Spiele, oft blutig und gewaltvoll, abzuhalten. Diese Bauwerke waren sowohl Orte der Unterhaltung als auch Machtdemonstrationen des Römischen Reiches. Sie waren ein Beweis dafür, dass der Mensch die Natur bändigen, zähmen und für seine eigenen Zwecke nutzen konnte. Die heutigen Stierkampfarenen sind direkte Nachfahren dieser antiken Bauwerke, und obwohl sie sich in Form und Funktion weiterentwickelt haben, tragen sie doch das Erbe ihrer Vorfahren in sich.

Doch während die römischen Amphitheater meist für die Spiele von Gladiatoren und wilden Tieren konzipiert waren, entwickelte sich die Stierkampfarena in Spanien zu einem Ort mit einer spezifischen Bestimmung: dem Duell zwischen Mensch und Stier. Diese Arenen, oft kreisförmig und aus Sand und Stein gebaut, bieten den idealen Schauplatz für den Kampf. Ihre kreisrunde Form symbolisiert den geschlossenen Raum, in dem das Ritual stattfindet, eine Art Mikrokosmos der Welt, in dem die Regeln des Spiels auf Leben und Tod gelten. Der Kreis, ohne Anfang und Ende, ohne Ecken, in denen sich etwas verbergen könnte, repräsentiert die Unvermeidlichkeit des Schicksals, dem sich weder Torero noch Stier entziehen können.

Die Arena selbst ist in verschiedene Zonen unterteilt, die jeweils ihre eigene Bedeutung und Funktion haben. Der Sand, auf dem der Kampf ausgetragen wird, ist nicht nur die Oberfläche, auf der die Auseinandersetzung stattfindet; er ist das Element, das das Blut aufnimmt, das den Triumph und das Leid gleichermaßen trägt. Der Sand erinnert an die Erde, aus der beide, Mensch und Tier, kommen und zu der sie am Ende zurückkehren. Um den Sandplatz herum erstrecken sich die Zuschauerränge, die oft in mehrere Etagen unterteilt sind. Die Nähe oder Distanz zur Kampfzone, die hierarchische Anordnung der Sitzplätze, spiegelt die gesellschaftliche Ordnung wider. Die Arena ist nicht nur ein Ort des Rituals, sondern auch ein Spiegel der Gesellschaft, in dem die Klassenunterschiede und Machtstrukturen sichtbar werden.

Die historische Entwicklung der Stierkampfarena ist eng mit der Entwicklung des Stierkampfs selbst verbunden. Während der Stierkampf in seinen frühen Formen oft auf offenen Plätzen in Städten oder ländlichen Gegenden stattfand, entwickelte sich im Laufe der Zeit das Bedürfnis nach einem spezialisierten Raum, der den Anforderungen dieses Rituals gerecht werden konnte. Die erste eigens für den Stierkampf errichtete Arena wurde im 18. Jahrhundert in Ronda, Spanien, erbaut. Diese Arena ist bis heute eine der berühmtesten und gilt als Modell für viele später errichtete Arenen. Mit ihrer charakteristischen Architektur und ihrer symbolischen Bedeutung markiert sie einen Wendepunkt in der Geschichte des Stierkampfs und seiner Inszenierung.

Die Stierkampfarena ist jedoch mehr als nur ein Ort der physischen Auseinandersetzung. Sie ist ein Raum der Transformation, in dem der Torero vom Menschen zum Helden, vom Sterblichen zur Legende wird. Der Eintritt in die Arena ist für den Torero ein Schritt in eine andere Realität, eine Welt, in der die üblichen Regeln des Lebens außer Kraft gesetzt sind und eine eigene, archaische Ordnung herrscht. Hier zählt nicht nur der Mut, sondern auch die Kunst, die Eleganz und die Fähigkeit, den Tod mit Würde und Anmut zu begegnen. Der Kampf in der Arena ist ein Akt der Schöpfung und Zerstörung, in dem der Torero und der Stier zu Protagonisten eines Dramas werden, das so alt ist wie die Menschheit selbst.

Die symbolische Bedeutung der Arena wird auch durch die Rituale unterstrichen, die vor und nach dem Kampf stattfinden. Der feierliche Einzug des Toreros, begleitet von Musik und Applaus, ist ein ritueller Akt, der die Spannung und Erwartung des Publikums steigert. Die Bewegungen des Toreros, seine Gesten und seine Haltung sind Teil einer Choreografie, die den kommenden Kampf ankündigt. Diese Rituale verbinden die Arena mit der Welt des Sakralen, sie verwandeln den Raum in eine Art Tempel, in dem das heilige Schauspiel des Stierkampfs inszeniert wird.

Die Stierkampfarena ist auch ein Ort, der die Macht der Tradition verkörpert. Seit Jahrhunderten finden hier Kämpfe statt, und die Mauern der Arenen sind Zeugen unzähliger Schicksale. Generationen von Toreros haben hier ihre Fähigkeiten unter Beweis gestellt, sind hier zu Ruhm und Ehre gelangt oder haben ihr Leben verloren. Die Arena ist ein Ort der Erinnerung, ein Raum, in dem die Vergangenheit lebendig bleibt und die Tradition fortbesteht. Doch sie ist auch ein Ort der Kontinuität, an dem die Werte und Normen einer Kultur immer wieder neu verhandelt und bestätigt werden.

In der modernen Zeit hat die Stierkampfarena jedoch auch eine kontroverse Bedeutung erlangt. Während sie für viele ein Symbol des kulturellen Erbes und der nationalen Identität darstellt, wird sie von anderen als Relikt einer barbarischen Vergangenheit gesehen, die in der heutigen Gesellschaft keinen Platz mehr hat. Diese Ambivalenz spiegelt sich in der Architektur der Arenen selbst wider. Einige von ihnen, wie die berühmte Arena in Sevilla oder die Plaza de Toros de Las Ventas in Madrid, haben den Status von nationalen Denkmälern erlangt und sind stolz auf ihre Geschichte. Andere hingegen stehen leer und verlassen, Zeichen einer Tradition, die im Begriff ist, zu verschwinden.

Die Arena ist somit ein Ort, an dem sich die Widersprüche und Spannungen der modernen Gesellschaft konzentrieren. Sie ist ein Raum, in dem die Macht der Tradition auf die Kräfte des Wandels trifft, ein Ort, an dem die Vergangenheit und die Gegenwart in einem ständigen Dialog stehen. In der Arena manifestiert sich die menschliche Sehnsucht nach Kontrolle und Ordnung, aber auch die Anerkennung der unberechenbaren Kräfte der Natur und des Schicksals. Sie ist ein Symbol für die ewige Auseinandersetzung zwischen Kultur und Natur, zwischen Mensch und Tier, zwischen Leben und Tod.

Die Arena, dieser steinerne Kreis im Herzen vieler Städte, ist somit weit mehr als nur eine Bühne für den Stierkampf. Sie ist ein Mikrokosmos, in dem sich die großen Themen der menschlichen Existenz widerspiegeln. Ihre Mauern, die so viele Geschichten in sich tragen, bleiben ein Zeugnis einer Tradition, die tief in der Kultur und Geschichte verankert ist und die bis heute die Gemüter bewegt, mitreißend und provoziert.

Das Aufeinandertreffen

Der Kampf in der Arena

Der Moment, auf den alles hinführt, ist endlich gekommen: das Aufeinandertreffen zwischen Mensch und Tier in der sandigen Arena. Während die Sonne unbarmherzig auf die Szenerie herabbrennt und die Zuschauer die Spannung kaum ertragen können, betreten der Torero und der Stier die Bühne, die für einige Minuten zum Zentrum der Welt wird. Hier wird die Zeit stillzustehen scheinen, während sich ein Drama entfaltet, das so alt ist wie die Zivilisation selbst.

Der Kampf in der Arena ist ein Ritual, das auf jahrhundertealten Traditionen basiert, doch in seiner Ausführung jedes Mal einzigartig ist. Er beginnt mit einem Augenblick, der in seiner stillen Intensität überwältigend ist: dem ersten Blickkontakt zwischen Torero und Stier. In diesem Augenblick messen sich die beiden Protagonisten, noch bevor die ersten Bewegungen gemacht werden. Der Stier, aufgebracht durch die laute Menge und das fremde Terrain, stampft nervös mit den Hufen, während der Torero, regungslos und konzentriert, seinen Gegner mustert. Die Arena wird zur Bühne eines Duells, bei dem es um mehr geht als um bloße Gewalt – es ist ein Kampf um die Herrschaft über Raum, Zeit und Schicksal.

Der erste Akt dieses Dramas beginnt mit dem sogenannten ›Tercio de Varas‹. Die Picadores, die auf mächtigen Pferden sitzen, betreten die Arena. Ihre Aufgabe ist es, den Stier zu schwächen, indem sie ihm mit langen Lanzen in den Nacken stechen. Dies geschieht jedoch nicht wahllos; der Angriff der Picadores zielt darauf ab, den Stier zu reizen und seine Kraft herauszufordern, aber auch, um ihn physisch und psychisch auf das folgende Duell mit dem Torero vorzubereiten. Der Stier stürzt sich mit all seiner Wucht auf die Pferde, doch die Erfahrung und die Geschicklichkeit der Picadores ermöglichen es, die Wucht der Angriffe zu kontrollieren. Hier wird der Stier, der bisher in freier Wildbahn lebte, zum ersten Mal mit einer Übermacht konfrontiert. In dieser Phase entscheidet sich, ob der Stier kämpft oder sich zurückzieht, ob er zum würdigen Gegner wird oder dem Matador einen leichteren Kampf verschafft.

Nach dem ›Tercio de Varas‹ folgt das ›Tercio de Banderillas‹, eine Phase, die sowohl visuell als auch emotional intensiv ist. Die Banderilleros, die Helfer des Toreros, treten nun in den Vordergrund. In schnellen, präzisen Bewegungen setzen sie dem Stier bunte Spieße – die sogenannten Banderillas – in den Nacken. Diese Spieße sind nicht nur Werkzeuge, um den Stier weiter zu schwächen, sondern sie haben auch eine tiefere symbolische Bedeutung. Die Farben und die Art und Weise, wie sie gesetzt werden, sind Ausdruck von Kunst und Können. Jeder Stoß der Banderillas ist ein weiterer Schritt in der Inszenierung des Dramas, ein Moment, der die Spannung erhöht und das Publikum auf das eigentliche Duell vorbereitet. Für den Stier bedeuten die Banderillas Schmerz und Wut, aber auch der letzte Weckruf für seinen Überlebensinstinkt.

Dann endlich kommt der entscheidende Moment: das ›Tercio de Muerte‹. Der Torero, der bisher eher als Beobachter und Lenker agierte, tritt nun in den Mittelpunkt. Mit seiner roten Muleta, einem Tuch, das zum Symbol für den Stierkampf selbst geworden ist, stellt er sich dem Stier. Die Arena, die vor Aufregung zittert, wird plötzlich still, als der Torero beginnt, seine Bewegungen auszuführen. Diese Phase des Kampfes ist weniger ein Kampf im traditionellen Sinne, sondern vielmehr ein Tanz zwischen Leben und Tod, bei dem jede Bewegung, jede Geste eine Bedeutung hat.

Der Torero führt den Stier mit der Muleta, leitet ihn in immer enger werdende Kreise und demonstriert dabei seine Überlegenheit. Doch auch der Stier zeigt nun seinen wahren Charakter – mutig, unberechenbar und kraftvoll. Es ist ein Spiel mit dem Feuer, ein Dialog zwischen Mensch und Tier, in dem jeder Fehler tödlich sein kann. Das Publikum hält den Atem an, wenn der Torero dicht am Horn des Stiers vorbeigeht, wenn er das Risiko maximiert und dabei seine Kontrolle über die Situation beweist. Die Spannung in der Arena erreicht ihren Höhepunkt, als der Torero schließlich zum finalen Stoß ansetzt.

Dieser Moment, der als Estocada bekannt ist, ist der dramatische Höhepunkt des Stierkampfes. Mit einem gezielten Stoß versucht der Torero, das Herz des Stiers zu treffen und das Duell zu beenden. Dieser finale Akt ist eine Demonstration von Geschicklichkeit und Mut, aber auch eine der wichtigsten Prüfungen für den Torero. Ein sauberer, schneller Tod des Stiers wird vom Publikum mit Respekt und Bewunderung aufgenommen, während ein misslungener Stoß, der den Stier unnötig leiden lässt, Missfallen und Enttäuschung hervorrufen kann. Der Tod des Stiers ist der Schlusspunkt in diesem archaischen Ritual, das sowohl den Triumph des Menschen als auch den unvermeidlichen Verlust des Lebens symbolisiert.

Nachdem der Stier gefallen ist, zieht eine Art von Erleichterung durch die Reihen des Publikums, als ob die gesamte Arena einen kollektiven Atemzug getan hätte. Der Torero nimmt die Ovationen entgegen, doch die Arena trägt auch die Narben des Kampfes: den aufgewühlten Sand, die Spuren der Banderillas, das Blut des Tiers. Die Zuschauer, die dieses Spektakel verfolgt haben, erleben eine Mischung aus Erleichterung, Erregung und vielleicht auch Nachdenklichkeit. Für viele ist es ein Moment des Triumphs, für andere eine bittere Erinnerung an die brutalen Realitäten des Lebens.

Die Arena, die nur wenige Minuten zuvor noch Schauplatz eines intensiven Kampfes war, verwandelt sich wieder in einen stillen Ort. Die Leiche des Stiers wird fortgebracht, oft unter den Augen des Publikums, das sich langsam auflöst und die Arena verlässt. Doch die Erinnerungen an das Geschehene bleiben zurück, in den Mauern der Arena, im Gedächtnis der Zuschauer und in den Gedanken des Toreros, der vielleicht schon bald wieder in die Arena zurückkehren wird, um sich einem neuen Gegner zu stellen.

Das Aufeinandertreffen in der Arena ist mehr als ein bloßer Kampf – es ist ein Ritual, eine tief verwurzelte Tradition, die in ihrer Brutalität und Schönheit das Wesen des Menschen, seine Ängste und seine Sehnsüchte, widerspiegelt. Der Stierkampf mag umstritten sein, doch für diejenigen, die ihn ausüben und erleben, ist er ein unverzichtbarer Bestandteil ihrer kulturellen Identität, ein Tanz mit dem Tod, der sowohl furchteinflößend als auch packend ist.

Der Moment des Todes

Die letzte Konfrontation

Der gesamte Stierkampf steuert auf einen einzigen, entscheidenden Moment zu: den Moment des Todes. Nachdem der Stier und der Torero sich in einem epischen Duell gegenübergestanden haben, in dem Geschick, Mut und Instinkt aufeinanderprallten, endet alles in einem dramatischen Finale. Es ist ein Augenblick, der von tiefem Ernst und einer beinahe rituellen Feierlichkeit durchdrungen ist, ein Moment, in dem der Torero die ultimative Kontrolle über Leben und Tod beweisen muss. Für viele ist dies der Höhepunkt des Stierkampfs, ein Akt, der die gesamte Kunstform definiert und zugleich ihre tiefste Kontroverse birgt.

Der Torero hat den Stier durch die vorhergehenden Phasen des Kampfes geführt, ihn gelenkt, ihn gereizt und ihm immer wieder die Möglichkeit gegeben, seine Kraft zu demonstrieren. Nun aber, im letzten Akt, steht alles auf Messers Schneide. Der Stier ist erschöpft, seine Bewegungen sind langsamer, doch sein Kampfeswille ist noch nicht gebrochen. Er bleibt wachsam, noch immer bereit, einen finalen Angriff zu starten. Der Torero hingegen ist völlig konzentriert, denn die letzte Konfrontation erfordert nicht nur physische Stärke, sondern vor allem mentale Klarheit und absolute Präzision.

Die Arena ist in diesen letzten Augenblicken von einer elektrisierenden Spannung erfüllt. Die Zuschauer spüren die Schwere des Moments, das unausweichliche Ende, das sowohl erwartet als auch gefürchtet wird. Alles in der Arena scheint für einen Augenblick stillzustehen. Selbst die Geräusche des Publikums verstummen, als ob die Menge den Atem anhielte und gemeinsam mit dem Torero die letzten Sekunden des Kampfes durchlebte.

Mit ruhiger Hand und festem Blick nimmt der Torero die Muleta, das rote Tuch, in die eine Hand, während die andere das Schwert ergreift. Dieses Schwert, die ›Espada‹, ist nicht nur ein Werkzeug, sondern ein Symbol – ein Symbol der endgültigen Entscheidung, der Macht und der Verantwortung, die auf den Schultern des Toreros lastet. Der Torero stellt sich direkt vor den Stier, in einer Haltung, die sowohl Herausforderung als auch Respekt ausdrückt. Es ist der Moment, in dem der Mensch und das Tier sich auf einer elementaren Ebene begegnen, in dem die Grenzen zwischen Jäger und Gejagtem verschwimmen.

Der finale Akt, die ›Estocada‹, erfordert von dem Torero eine beispiellose Präzision. Mit einer schnellen, gezielten Bewegung muss er das Schwert zwischen die Schultern des Stiers stoßen, direkt in das Herz, um einen schnellen und möglichst schmerzlosen Tod zu gewährleisten. Diese Bewegung, die mit äußerster Geschicklichkeit und einer fast tänzerischen Eleganz ausgeführt wird, ist der Höhepunkt der Kunst des Stierkampfs. Ein sauberer, exakter Stoß, der den Stier sofort zu Boden bringt, wird als Zeichen größter Meisterschaft angesehen und vom Publikum mit tosendem Applaus belohnt.

Doch der Moment des Todes ist mehr als nur eine technische Ausführung. Es ist ein tief symbolischer Akt, der die Dualität von Leben und Tod, von Schönheit und Gewalt in einem einzigen Augenblick zusammenfasst. Für den Torero bedeutet dieser Moment, dass er nicht nur die Kontrolle über den Kampf, sondern auch über das Schicksal des Tiers erlangt hat. Der Torero muss in diesem Augenblick all seine Kraft und seinen Mut zusammennehmen, denn ein Fehler könnte nicht nur den Kampf entwerten, sondern auch das Leben des Stiers verlängern und seine Qualen unnötig verlängern.

Wenn der Torero das Schwert mit der nötigen Präzision setzt, bricht der Stier meist sofort zusammen, sein mächtiger Körper sinkt langsam auf den sandigen Boden der Arena. Es ist ein Anblick, der sowohl triumphal als auch tragisch ist, ein Zeugnis der unaufhaltsamen Natur des Todes. In diesen letzten Sekunden spürt man die Endgültigkeit des Moments, die Schwere, die auf der gesamten Szenerie liegt. Der Stier, einst ein Symbol für Stärke und Wildheit, liegt nun still, sein Kampf ist vorbei. Die Arena, die gerade noch vom Leben erfüllt war, wirkt plötzlich leer, fast verlassen, als der Tod seinen Schatten über den Ort legt.

Die Reaktion des Publikums in diesem Moment ist entscheidend. Wenn der Torero seine Aufgabe mit Bravour gemeistert hat, wird er mit einem Sturm der Begeisterung belohnt. Die

Arena bricht in Applaus aus, manchmal werden sogar weiße Taschentücher geschwenkt, um dem Torero die höchsten Ehren zu erweisen. In besonderen Fällen wird ihm die ›Oreja‹, das Ohr des Stiers, überreicht, eine symbolische Geste, die seine Meisterschaft und seinen Mut ehrt. Doch wenn der finale Stoß misslingt, wenn der Stier unnötig leidet, kann sich die Stimmung schnell wenden. Der Torero wird mit Buhrufen und Pfiffen bedacht, ein klares Zeichen dafür, dass er die hohe Kunst des Stierkampfs nicht würdevoll ausgeführt hat.

Für den Torero endet der Kampf jedoch nicht mit dem Tod des Stiers. Der Moment des Todes ist nur ein Teil des größeren Rituals, das ihn auch emotional und psychisch fordert. Während der Leichnam des Stiers aus der Arena gezogen wird, reflektiert der Torero über das, was geschehen ist. Jeder Kampf hinterlässt Spuren – manche sichtbare, viele unsichtbare. Für den Torero ist der Tod des Stiers nicht nur ein Sieg, sondern auch eine Konfrontation mit seiner eigenen Sterblichkeit, ein ständiges Erinnern an die feine Linie, die Leben und Tod trennt.

Der Moment des Todes im Stierkampf ist daher weit mehr als nur das Ende eines Kampfes. Er ist der Schlusspunkt eines alten Rituals, das die Kraft des Lebens und die Unvermeidbarkeit des Todes in sich vereint. In dieser letzten Konfrontation manifestieren sich die tiefsten menschlichen Ängste und Sehnsüchte, die Faszination und das Grauen, die diesen jahrhundertealten Brauch sowohl umgeben als auch definieren.

Das Schicksal des Stiers
nach dem Kampf

Der Stier, der in der Arena tapfer gekämpft hat, findet seinen Weg nicht nur in die Erinnerung der Zuschauer, sondern auch in die alltägliche Realität jenseits der Tribünen. Mit dem Tod des Tieres endet sein Einfluss auf das Leben der Menschen nicht – im Gegenteil, sein Schicksal nach dem Kampf ist eng mit der Tradition und Symbolik des Stierkampfs verbunden. Es ist eine Reise, die von Respekt, Nutzen und einer tiefen kulturellen Verwurzelung geprägt ist, in der der Stier zu einem Teil der Gesellschaft wird, auch nachdem sein Leben erloschen ist.

Nach dem tödlichen Stoß des Toreros und dem Moment, in dem das Leben des Stiers in der Arena endet, wird sein mächtiger Körper aus dem Sand gezogen. Diese Phase des Rituals ist geprägt von einer feierlichen Ernsthaftigkeit, die die Bedeutung des Stiers und seines Opfers unterstreicht. Der Abtransport des Stiers wird mit großer Würde durchgeführt – ein letzter Akt der Ehrerbietung für das Tier, das in der Arena seine letzte Schlacht geschlagen hat. Der Kadaver wird oft von Maultieren oder Pferden herausgezogen, begleitet von der stillen Achtung der Zuschauer.

In vielen Kulturen, die den Stierkampf praktizieren, endet die Reise des Tieres jedoch nicht mit diesem Abtransport. Der

Stier hat nach dem Kampf noch eine Rolle zu spielen, sowohl im kulturellen als auch im wirtschaftlichen Sinne. Die Nutzung des Fleisches ist hierbei von besonderer Bedeutung. Das Fleisch des Stiers wird geschätzt, nicht nur wegen seiner Qualität, sondern auch wegen der symbolischen Kraft, die ihm zugesprochen wird. Es wird als besonderes Fleisch angesehen, das den Mut und die Kraft des Tieres in sich trägt – Tugenden, die in vielen Gesellschaften hochgeachtet werden.

Das Fleisch des Stiers, der in der Arena gefallen ist, findet seinen Weg in die Küchen und auf die Teller der Menschen. Es wird sorgfältig verarbeitet und oft in traditionellen Gerichten zubereitet, die tief in der Kultur verankert sind. In manchen Regionen gibt es spezielle Rezepte, die ausschließlich für das Fleisch von Kampfstieren verwendet werden. Diese Gerichte sind nicht nur eine Delikatesse, sondern tragen auch die Aura des Besonderen in sich. Wer das Fleisch eines Kampfstiers isst, wird Teil eines jahrhundertealten Rituals, das den Kreis von Leben und Tod schließt.

Der Verzehr des Fleisches hat darüber hinaus eine starke symbolische Bedeutung. Es ist ein Akt des Respekts gegenüber dem Tier und ein Weg, die Verbindung zwischen Mensch und Natur zu würdigen. Der Stier, der im Leben seine Kraft und seinen Mut unter Beweis gestellt hat, wird auch nach seinem Tod als Quelle der Stärke angesehen. Der Konsum seines Fleisches ist in vielen Kulturen ein Weg, diese Eigenschaften in sich aufzunehmen – eine rituelle Handlung, die das Erbe des Tieres in die Gemeinschaft überträgt.

Neben der Nutzung des Fleisches gibt es weitere Wege, wie der Stier nach dem Kampf in die Gesellschaft integriert wird. Einige Teile des Tieres, wie die Hörner oder das Fell, werden als Trophäen oder Andenken aufbewahrt. Diese Relikte dienen als Erinnerungsstücke an den Kampf, als Symbole für den Sieg des Toreros und die Tapferkeit des Tiers. Sie finden oft einen Platz in privaten Sammlungen, Museen oder sogar in der Arena selbst, wo sie die Geschichte und die Tradition des Stierkampfs weitertragen.

Die symbolische Bedeutung des Stiers bleibt somit auch nach dem Kampf lebendig. Der Stier wird nicht einfach vergessen oder beseitigt; er wird Teil der kulturellen Erinnerung und der materiellen Welt, die den Stierkampf umgibt. In vielen Regionen ist es üblich, die Überreste des Tiers in Zeremonien oder Ritualen zu ehren, die die spirituelle Verbindung zwischen Mensch und Tier, zwischen Leben und Tod, betonen. Diese Praktiken verdeutlichen, dass der Stier, selbst nach seinem Tod, eine zentrale Rolle in der kulturellen Landschaft spielt.

Das Schicksal des Stiers nach dem Kampf ist daher nicht nur eine Frage der physischen Nutzung, sondern auch eine des symbolischen Fortbestehens. Der Stier bleibt in der Erinnerung der Menschen präsent, sowohl durch das Fleisch, das seinen Weg auf die Teller findet, als auch durch die Gegenstände, die aus seinem Körper gefertigt werden. Er bleibt ein Symbol für Mut, Stärke und Opferbereitschaft – Eigenschaften, die in der Tradition des Stierkampfs hochgehalten werden.

In dieser Hinsicht wird der Stier zu einem unsterblichen Wesen, dessen Bedeutung weit über sein physisches Dasein hinausgeht. Er lebt in den Geschichten weiter, die erzählt werden, in den Gerichten, die mit seinem Fleisch zubereitet werden, und in den Symbolen, die seinen Namen tragen. Auf diese Weise trägt der Stier auch nach seinem Tod zur Fortsetzung einer Tradition bei, die tief in der Geschichte verwurzelt ist und die bis heute in der Kultur und dem kollektiven Bewusstsein der Gesellschaften, die den Stierkampf praktizieren, nachhallt.

Der Torero und der Ruhm

Siegeszeichen und Ehrungen

In den staubigen Arenen, unter dem endlosen Himmel Spaniens und Lateinamerikas, entfaltet sich ein Schauspiel, das seit Jahrhunderten Menschen in seinen Bann zieht. Der Stierkampf ist nicht nur ein Duell zwischen Mensch und Tier, sondern auch ein Ritual, das den Torero in den Mittelpunkt der Aufmerksamkeit rückt. Mit jedem Schlag des Schwertes, mit jeder geschickten Bewegung des roten Tuchs, strebt der Torero nach mehr als nur dem Sieg über den Stier. Er strebt nach Ruhm, nach Anerkennung, nach einem Platz in der langen, glanzvollen Tradition, die den Stierkampf zu einem Symbol nationaler Identität und kultureller Beständigkeit gemacht hat.

Die Ehrungen und Auszeichnungen, die einem erfolgreichen Torero zuteilwerden, sind mehr als nur Belohnungen für eine gut ausgeführte Arbeit. Sie sind Symbole für Tapferkeit, Geschicklichkeit und Ehre – Tugenden, die in der Stierkampfkultur höchste Bedeutung haben. Diese Auszeichnungen sind tief verwurzelt in der Geschichte des Stierkampfs und spiegeln die Bewunderung wider, die die Gesellschaft für jene hegt, die den Mut aufbringen, in die Arena zu treten und sich dem mächtigen Stier zu stellen.

Eine der bekanntesten und symbolträchtigsten Ehrungen ist das Geschenk von Ohren und Schwanz des Stiers. Diese Trophäen sind mehr als nur Körperteile des besiegten Tieres; sie sind Zeichen des höchsten Respekts und der Anerkennung für die Leistung des Toreros. Der Moment, in dem die Ohren oder der Schwanz des Stiers dem Torero überreicht werden, ist von tiefer Bedeutung. Es ist der Höhepunkt eines Kampfes, der nicht nur physische Stärke, sondern auch geistige und emotionale Ausdauer erfordert. Der Torero, der diese Ehrung erhält, hat bewiesen, dass er in der Lage ist, den Stier mit Anmut und Geschicklichkeit zu besiegen, und hat sich damit einen Platz in den Annalen des Stierkampfs gesichert.

Doch die Ehrungen beschränken sich nicht nur auf die Arena. Die Welt des Stierkampfs ist eine, die von Ritualen und Traditionen geprägt ist, und diese spiegeln sich auch in den Feierlichkeiten wider, die einem erfolgreichen Torero nach dem Kampf zuteilwerden. Eine besonders eindrucksvolle Ehrung ist die ›Vuelta al Ruedo‹, der symbolische Rundgang des Toreros durch die Arena, bei dem er von den jubelnden Zuschauern gefeiert wird. Dieser Moment, in dem der Torero die Ovationen des Publikums entgegennimmt, ist ein Ausdruck der tiefen Verbindung zwischen dem Matador und dem Volk. Es ist eine Bestätigung seiner Leistung und eine Anerkennung der Tatsache, dass er nicht nur gegen den Stier gekämpft hat, sondern auch die Herzen der Menschen gewonnen hat.

In einigen Fällen kann die Ehrung des Toreros noch weiter gehen. Der ›Puerta Grande‹, das große Tor der Arena, das normalerweise für den Ein- und Ausgang der Zuschauer genutzt wird, kann dem Torero zu Ehren geöffnet werden. Der

Durchgang durch dieses Tor ist eine der höchsten Auszeichnungen, die ein Torero erhalten kann. Es ist ein Zeichen dafür, dass seine Leistung außergewöhnlich war und dass er in den Augen der Gesellschaft zu den Größten seiner Zunft gehört. Der Weg durch das Puerta Grande ist nicht nur ein physischer, sondern auch ein symbolischer Aufstieg in die Reihen der Legenden des Stierkampfs.

Die Ehrungen enden jedoch nicht in der Arena. Für viele Toreros setzt sich der Ruhm in Form von Denkmälern, Gedenktafeln und Straßennamen fort. In vielen spanischen Städten gibt es Plätze und Straßen, die nach berühmten Toreros benannt sind, eine dauerhafte Erinnerung an ihre Beiträge zur Kultur und Tradition des Landes. Diese Ehrungen sind mehr als nur Zeichen des Respekts; sie sind Ausdruck einer tiefen kulturellen Wertschätzung, die den Torero als Helden und Vorbild verewigt.

Die Auszeichnungen und Ehrungen, die einem Torero zuteilwerden, sind daher mehr als nur Anerkennungen für eine einzelne Leistung. Sie sind Teil eines größeren Geflechts von Ritualen und Symbolen, die den Stierkampf zu einer der bedeutsamsten kulturellen Praktiken in den Ländern gemacht haben, in denen er gepflegt wird. Sie sind Ausdruck der engen Verbindung zwischen dem Torero und der Gesellschaft, die ihn ehrt und die ihn als Verkörperung von Mut, Ehre und traditioneller Werte sieht.

Doch der Ruhm, der dem Torero durch diese Ehrungen zuteilwird, hat auch eine dunkle Seite. Die Last der Erwartungen, die mit diesen Ehrungen einhergeht, kann erdrückend sein. Ein Torero, der einmal den Durchgang durch das Puerta Grande erlebt hat, spürt den Druck, dieses Niveau immer wieder zu erreichen. Der Ruhm kann zu einer Bürde werden, die die psychische und physische Gesundheit des Toreros belastet. In den Momenten des Triumphes mag der Torero das Gefühl haben, auf dem Gipfel der Welt zu stehen, aber dieser Gipfel ist oft einsam und gefährlich. Der Ruhm ist flüchtig, und der Sturz aus der Gunst des Publikums kann genauso schnell erfolgen wie der Aufstieg.

Trotz dieser Herausforderungen ist der Ruhm, der einem Torero zuteilwird, ein zentraler Bestandteil seines Lebens und seiner Karriere. Es ist dieser Ruhm, der ihn antreibt, immer wieder in die Arena zurückzukehren, sich dem Stier zu stellen und nach den höchsten Ehrungen zu streben. Der Ruhm ist das, was den Torero unsterblich macht, was ihn über die Arena hinaus in die Geschichte und in das kulturelle Gedächtnis seiner Nation erhebt.

So bleibt der Ruhm ein doppelschneidiges Schwert – ein Symbol für den Triumph über den Tod, aber auch eine ständige Erinnerung an die Gefahren und die Herausforderungen, die der Weg eines Toreros mit sich bringt. Die Ehrungen, die ein erfolgreicher Torero erhält, sind daher nicht nur Zeichen des Respekts und der Bewunderung, sondern auch Symbole für den ständigen Kampf, der das Leben eines Matadors prägt. Ein

Kampf, der nicht nur in der Arena, sondern auch in den Herzen und Köpfen der Menschen, die diesen uralten Brauch fort-
führen, weitergeht.

Die psychischen Nachwirkungen

für den Torero

Nach dem endenden Applaus, nachdem die Arena sich geleert und die Dämmerung über den Sand gefallen ist, bleibt der Torero oft allein zurück, konfrontiert mit einer intensiven inneren Realität, die sich von dem spektakulären Schauspiel, das er soeben vollbracht hat, deutlich unterscheidet. Der Moment, in dem der Stier endgültig fällt und der Kampf zu Ende geht, markiert nicht nur das Ende eines körperlichen Duells, sondern auch den Beginn eines tiefen, oft quälenden psychischen Prozesses.

Für viele Toreros ist der Stierkampf weit mehr als ein Beruf. Es ist eine Berufung, eine Kunstform, die sie über Jahre perfektionieren und die sie mit einem inneren, beinahe spirituellen Eifer ausüben. Doch dieser Weg ist nicht nur mit Ruhm und Anerkennung gepflastert, sondern auch mit einer Vielzahl von emotionalen und psychischen Herausforderungen, die oft im Verborgenen bleiben.

Ein zentraler Aspekt dieser psychischen Nachwirkungen ist das ständige Wechselspiel zwischen Leben und Tod. Der Torero ist sich in jedem Moment des Kampfes bewusst, dass er sein Leben riskiert. Diese Nähe zum Tod, das Wissen, dass jeder Kampf sein letzter sein könnte, hinterlässt tiefe Spuren in der

Psyche eines jeden Matadors. Diese existenzielle Bedrohung, die über jeder Corrida schwebt, kann zu einer Art von posttraumatischem Stress führen, ähnlich wie er bei Soldaten nach intensiven Kriegserfahrungen beobachtet wird. Obwohl der Torero physisch unverletzt die Arena verlässt, trägt er oft unsichtbare Wunden mit sich, die erst nach dem Adrenalinkick des Kampfes sichtbar werden.

Ein weiterer bedeutender Faktor ist die immense Erwartungshaltung, die sowohl von der Gesellschaft als auch vom Torero selbst an ihn gestellt wird. In der Arena geht es nicht nur um den Sieg über den Stier, sondern auch um die Erfüllung von Erwartungen, um den Beweis von Mut, Geschicklichkeit und Ehre. Der Druck, diese Erwartungen zu erfüllen, kann erdrückend sein, insbesondere wenn der Torero im Wettstreit mit anderen Matadors steht, die ebenfalls nach Ruhm und Anerkennung streben. Die Angst, in den Augen des Publikums zu versagen oder dem hohen Standard, den er sich selbst gesetzt hat, nicht gerecht zu werden, kann zu erheblichen psychischen Belastungen führen.

Nach dem Kampf, wenn der Torero die Arena verlässt und in die Einsamkeit seines eigenen Geistes zurückkehrt, beginnt oft ein intensiver Prozess der Selbstreflexion. Er muss sich nicht nur mit dem, was er getan hat, auseinandersetzen, sondern auch mit dem, was er empfunden hat. Die Tötung des Stiers, ein Akt von äußerster Gewalt, der in der Hitze des Augenblicks vollzogen wird, kann später eine Quelle von tiefer innerer Zerrissenheit sein. Der Torero steht vor dem Paradox, einerseits als Held gefeiert zu werden und andererseits mit der Realität seines Handelns konfrontiert zu sein, die nicht selten Schuldgefühle und innere Konflikte hervorruft.

Viele Toreros berichten von wiederkehrenden Albträumen, in denen sie die Augenblicke des Kampfes immer wieder durchleben müssen. In diesen Träumen vermischen sich oft die Bilder des Stiers und die der eigenen Sterblichkeit, was die ohnehin schon komplexe emotionale Lage noch verstärkt. Diese Träume sind Ausdruck eines Unterbewusstseins, das versucht, mit den extremen Erfahrungen des Kampfes umzugehen und diese zu verarbeiten. Doch nicht immer gelingt dies. Einige Toreros entwickeln im Laufe der Zeit Depressionen oder Angststörungen, die direkt auf die ständige Konfrontation mit dem Tod und die damit verbundene psychische Belastung zurückzuführen sind.

Der Ruhm, den der Torero in der Arena erlangt, bietet zwar kurzfristige Befriedigung, kann aber langfristig nicht die Leere füllen, die oft nach einem Kampf entsteht. Es ist eine Leere, die sich aus der Diskrepanz zwischen der öffentlichen Verehrung und der persönlichen, inneren Realität des Toreros speist. Dieser innere Konflikt, der sich in dem Spannungsfeld zwischen der öffentlichen Erwartungshaltung und den eigenen, oft unerfüllten emotionalen Bedürfnissen entwickelt, kann zu einer tiefen Sinnkrise führen.

Ein weiterer bedeutender Aspekt der psychischen Nachwirkungen ist die Isolation, die viele Toreros erfahren. Die Rolle des Matadors ist einzigartig und nur wenige Menschen außerhalb dieser Welt können die tiefen emotionalen und psychischen Prozesse nachvollziehen, die damit einhergehen. Diese Isolation wird oft noch verstärkt durch den Mythos des einsamen Helden, der in der Stierkampftradition tief verwurzelt ist. Der Torero, der als unerschrockener Kämpfer in der Arena auftritt, wird oft auch außerhalb der Arena als jemand wahrgenommen, der keine Schwäche zeigt, der keinen Raum für Zweifel oder Ängste hat. Doch diese Fassade zu wahren, kann die psychischen Belastungen noch verstärken und den Torero in eine tiefe Einsamkeit treiben.

Einige Toreros suchen Trost und Unterstützung in engen Freundschaften oder in der Familie, doch auch diese Beziehungen können durch die enormen Anforderungen und Erwartungen, die an den Matador gestellt werden, belastet werden. Nicht selten zieht sich der Torero in sich selbst zurück, unfähig oder unwillig, die innere Last, die er trägt, mit anderen zu teilen. Diese Isolation kann sich mit der Zeit vertiefen und zu einem Gefühl der Entfremdung führen – nicht nur von anderen Menschen, sondern auch von sich selbst.

In der spanischen Kultur, in der der Stierkampf tief verwurzelt ist, wird oft über die glanzvollen Seiten dieser Tradition gesprochen – über den Ruhm, die Ehre und die Kunstfertigkeit, die damit einhergehen. Doch die Schattenseite, die psychischen und emotionalen Kosten, die der Torero zahlen muss, werden oft übersehen oder unter den Teppich gekehrt. Es ist eine Seite des Stierkampfs, die selten öffentlich thematisiert wird, die aber in den Herzen und Köpfen der Matadors stets präsent ist.

Die psychischen Nachwirkungen des Stierkampfs sind ein komplexes und vielschichtiges Thema, das die tiefe Verbindung zwischen dem Torero und seiner Kunst offenbart. Sie zeigen, dass der Weg des Matadors nicht nur durch Ruhm und Ehre, sondern auch durch Schatten und Schmerz geprägt ist. Der Stierkampf, so traditionell und ehrwürdig er auch sein mag, fordert seinen Tribut – nicht nur auf körperlicher, sondern auch auf seelischer Ebene. In der Arena mag der Torero der unangefochtene Held sein, doch außerhalb ihrer Mauern kämpft er oft einen weit weniger sichtbaren, aber ebenso intensiven Kampf – den Kampf um seine eigene geistige und emotionale Gesundheit.

Die gesellschaftliche Stellung
des Toreros

In der komplexen und vielschichtigen Kultur Spaniens nimmt der Torero eine einzigartige Stellung ein. Er ist weit mehr als nur ein Teilnehmer am Stierkampf – er ist ein Symbol, eine lebendige Verkörperung von Mut, Ehre und Kunstfertigkeit. Seine Rolle in der Gesellschaft geht über die Arena hinaus und berührt tief verwurzelte kulturelle, soziale und sogar spirituelle Aspekte des spanischen Lebens. Der Torero ist nicht nur ein Mensch, sondern eine kulturelle Ikone, deren Einfluss weit über den blutgetränkten Sand der Stierkampfarena hinausreicht.

Die Bedeutung des Toreros in der spanischen Gesellschaft kann nicht losgelöst von der Geschichte und Tradition des Landes betrachtet werden. Der Stierkampf selbst, ein Ritual, das seine Ursprünge in der Antike hat, wurde über Jahrhunderte hinweg zu einem zentralen Bestandteil der spanischen Identität. In diesem Kontext wurde der Torero zu einer Art modernen Helden, der die Essenz dieses Rituals verkörpert. Sein Status als kulturelle Ikone wurde durch den tiefen Respekt und die Verehrung, die ihm entgegengebracht wird, gefestigt – nicht nur von den Massen, die ihm in der Arena zujubeln, sondern auch von der intellektuellen und künstlerischen Elite des Landes.

Der Torero wird oft als die Verkörperung von Eigenschaften gesehen, die in der spanischen Kultur hoch geschätzt werden: Mut, Ehre, Disziplin und Geschicklichkeit. Er steht für eine traditionelle Männlichkeit, die in einer modernen Welt, in der alte Werte oft in Frage gestellt werden, weiterhin eine mächtige Anziehungskraft ausübt. Diese Eigenschaften werden nicht nur in der Arena, sondern auch im Alltag von den Menschen bewundert und nachgeahmt. Der Torero wird so zu einem Vorbild, einem Ideal, dem viele nacheifern – sei es in ihrer beruflichen Laufbahn, in ihrem persönlichen Leben oder in ihrem Streben nach gesellschaftlicher Anerkennung.

Doch die gesellschaftliche Stellung des Toreros ist auch eng mit der Idee des Ruhms verbunden. Ruhm im Stierkampf ist nicht nur eine Frage des Erfolgs in der Arena, sondern auch eine Frage der persönlichen Ausstrahlung, des Charismas und der Fähigkeit, das Publikum zu verblüffen. Ein Torero, der es versteht, diese Elemente zu vereinen, wird schnell zu einer Legende, einem Namen, der in den Geschichtsbüchern des Stierkampfs weiterlebt und dessen Einfluss auf die Gesellschaft über Generationen hinweg spürbar ist. Dieser Ruhm ist jedoch nicht nur ein Zeichen des persönlichen Erfolgs, sondern auch ein Spiegelbild der kulturellen Werte und Ideale einer Nation.

Die Medien spielen in der modernen Gesellschaft eine entscheidende Rolle bei der Aufrechterhaltung und Verstärkung des Ruhms eines Toreros. Berühmte Toreros werden von der Presse und dem Fernsehen oft wie Popstars behandelt, ihre Kämpfe werden live übertragen, ihre Geschichten in Zeitungen und Magazinen erzählt. Dieser mediale Hype verstärkt nicht nur ihre Bekanntheit, sondern trägt auch dazu bei, ihr Image als kulturelle Ikonen zu festigen. Sie werden zu Heldenfiguren, deren Leben und Karriere Gegenstand endloser Diskussionen und Analysen sind.

Neben dem Ruhm bringt die Rolle des Toreros auch eine immense gesellschaftliche Verantwortung mit sich. Als kulturelle Ikone wird von ihm erwartet, dass er sich nicht nur in der Arena, sondern auch im Alltag als Vorbild verhält. Sein Verhalten wird genau beobachtet, seine Entscheidungen, sowohl im persönlichen als auch im beruflichen Leben, werden von der Gesellschaft kritisch beäugt. Diese Verantwortung kann eine enorme Belastung sein, insbesondere in einer Zeit, in der das öffentliche Leben zunehmend von Skandalen und Sensationslust geprägt ist. Ein Torero muss daher nicht nur ein Meister im Umgang mit dem Stier sein, sondern auch im Umgang mit den Erwartungen der Öffentlichkeit.

Die Beziehung zwischen dem Torero und der Gesellschaft ist jedoch nicht nur eine Einbahnstraße. Während der Torero von der Gesellschaft verehrt wird, formt er auch aktiv die kulturelle Landschaft, in der er sich bewegt. Durch seinen Einfluss auf die Kunst, die Literatur und die Populärkultur prägt er die Vorstellung von Heldentum, Männlichkeit und Ehre in der spanischen Gesellschaft. Künstler und Schriftsteller haben sich immer wieder von der Figur des Toreros inspirieren lassen, sei es in Gemälden, Gedichten oder Filmen. Auf diese Weise wird der Torero zu einem kulturellen Archetyp, dessen Einfluss weit über den eigentlichen Stierkampf hinausgeht.

Es wäre jedoch zu einfach, die gesellschaftliche Stellung des Toreros nur als eine positive und unkritische Verehrung zu betrachten. Der Stierkampf und die Figur des Toreros sind in der modernen Gesellschaft zunehmend umstritten. Während viele Menschen die Tradition des Stierkampfs und die Rolle des Toreros weiterhin verteidigen, gibt es auch eine wachsende Zahl von Kritikern, die diese Praxis als grausam und überholt ablehnen. Diese Kontroverse spiegelt sich auch in der gesellschaftlichen Wahrnehmung des Toreros wider: Während er für einige ein Held und ein Bewahrer der Tradition ist, sehen andere in ihm einen Repräsentanten eines rückständigen und brutalen Rituals.

In einer sich wandelnden Gesellschaft, in der Tradition und Moderne oft in Konflikt stehen, muss sich auch der Torero ständig neu positionieren. Er muss nicht nur seine Relevanz in einer Welt unter Beweis stellen, die sich immer schneller verändert, sondern auch die Balance zwischen seiner Rolle als traditioneller Held und moderner Mensch finden. Diese Herausforderung macht die Rolle des Toreros in der Gesellschaft zu einem vielseitigen, aber auch äußerst komplexen Thema.

Zusammenfassend lässt sich sagen, dass die gesellschaftliche Stellung des Toreros tief in der spanischen Kultur verwurzelt ist, doch sie ist auch ständigen Veränderungen und Herausforderungen ausgesetzt. Der Torero ist mehr als nur ein Kämpfer

– er ist eine kulturelle Ikone, ein Symbol für tief verwurzelte Werte und Ideale. Doch in einer modernen Welt, in der Tradition und Fortschritt oft im Widerstreit stehen, muss sich auch diese Ikone immer wieder neu erfinden und ihren Platz in der Gesellschaft behaupten. Die Faszination, die der Torero auf die Menschen ausübt, mag von Generation zu Generation unterschiedlich interpretiert werden, doch sie bleibt ein zentrales Element der spanischen Identität und Kultur.

Kritik und Verteidigung des Stierkampfs

Der Stierkampf ist eine der ältesten und umstrittensten Traditionen, die in der modernen Welt überlebt haben. Während er für einige als Ausdruck nationaler Identität und künstlerischer Darbietung gilt, sehen andere in ihm eine grausame Praxis, die keinen Platz in einer zivilisierten Gesellschaft haben sollte. Die Debatte um den Stierkampf ist nicht nur eine Diskussion über Tradition versus Moderne, sondern auch über Ethik, Kultur und das Wesen der menschlichen Natur. In diesem Kapitel soll eine sachliche Darstellung der verschiedenen Positionen erfolgen, die diese komplexe und vielschichtige Debatte prägen.

Die Kritik am Stierkampf

Die Kritik am Stierkampf ist vielstimmig und wird von unterschiedlichen gesellschaftlichen Gruppen vorgetragen, die von Tierschutzorganisationen bis hin zu Intellektuellen reichen. Der zentrale Vorwurf lautet, dass der Stierkampf eine Form der Tierquälerei darstellt, die in keiner Weise gerechtfertigt werden kann. Kritiker argumentieren, dass das Leiden des Tieres, das während der Corrida gequält und schließlich getötet wird, inakzeptabel ist und im Widerspruch zu den ethischen Werten steht, die in einer modernen, aufgeklärten Gesellschaft herrschen sollten.

Ein häufig vorgebrachter Punkt ist die Grausamkeit, mit der das Tier behandelt wird. Der Stier wird vor dem Kampf oft geschwächt, sei es durch körperliche Eingriffe oder durch psychischen Stress, was ihm kaum eine faire Chance gegen den Torero lässt. Die blutige Auseinandersetzung in der Arena, die den Stier körperlich und seelisch zermürbt, wird von Kritikern als barbarisch angesehen. Für viele Tierschützer ist es undenkbar, dass ein solches Spektakel in einer Zeit, in der das Bewusstsein für Tierrechte stetig wächst, noch immer eine legale und gesellschaftlich akzeptierte Praxis ist.

Neben der ethischen Kritik gibt es auch Stimmen, die den Stierkampf aus kulturellen Gründen ablehnen. Für sie ist der Stierkampf ein archaisches Überbleibsel aus einer Zeit, in der Gewalt und Tod im öffentlichen Raum zur Unterhaltung inszeniert wurden. In einer globalisierten Welt, in der kulturelle Praktiken zunehmend hinterfragt und an universellen Werten gemessen werden, gilt der Stierkampf für viele als eine Praxis, die sich nicht mehr mit dem Bild einer modernen und fortschrittlichen Gesellschaft vereinbaren lässt. Diese Kritik zielt darauf ab, den Stierkampf nicht nur wegen seines blutigen Charakters, sondern auch wegen seiner sozialen und kulturellen Implikationen zu verurteilen.

Ein weiteres Argument der Gegner des Stierkampfs betrifft die Auswirkungen auf die menschliche Psyche und das soziale Gefüge. Kritiker argumentieren, dass die Normalisierung von Gewalt in der Arena die Menschen abstumpft und das gesellschaftliche Bewusstsein für Empathie und Mitgefühl verringert. Die Tatsache, dass Tausende von Menschen sich versammeln, um den Tod eines Tieres als Unterhaltung zu erleben, wird als besorgniserregendes Zeichen für eine Verrohung der Gesellschaft gewertet. Diese Beobachtungen sind nicht neu, sondern finden sich bereits in den Schriften früherer Philosophen und Moralisten, die die Auswirkungen öffentlicher Hinrichtungen und anderer grausamer Rituale auf das menschliche Gemüt hinterfragten.

Die Verteidigung des Stierkampfs

Auf der anderen Seite stehen die Befürworter des Stierkampfs, die ihn als unverzichtbaren Bestandteil ihrer kulturellen Identität und als Ausdruck einer tief verwurzelten Tradition betrachten. Für sie ist der Stierkampf keine bloße Unterhaltung, sondern eine Kunstform, die Mut, Geschick und Schönheit in einer einzigartigen Weise vereint. Die Verteidigung des Stierkampfs fußt auf mehreren Argumentationslinien, die sowohl kulturelle als auch ästhetische und ethische Aspekte umfassen.

Ein zentrales Argument der Verteidiger des Stierkampfs ist der kulturelle Wert, den diese Tradition für die spanische und lateinamerikanische Identität hat. Für viele Menschen in Spanien und anderen Ländern, in denen der Stierkampf eine lange Geschichte hat, ist die Corrida ein Symbol nationaler Stolz und kultureller Kontinuität. Sie sehen im Stierkampf eine Verbindung zu ihren Vorfahren, zu einer Zeit, in der der Mensch in direktem Kontakt mit der Natur stand und seine Fähigkeiten im Kampf gegen das wilde Tier unter Beweis stellte. Der Stierkampf wird als eine Tradition angesehen, die das kulturelle Erbe bewahrt und die Gemeinschaft über Generationen hinweg zusammenhält.

Darüber hinaus wird der Stierkampf von seinen Verteidigern als eine Form der Kunst betrachtet. Sie betonen die Ästhetik und die rituelle Dimension der Corrida, in der jeder Schritt, jede Bewegung und jede Geste eine tiefere Bedeutung hat. Der Stierkampf wird als eine Form des dramatischen Ausdrucks verteidigt, bei dem der Torero die Rolle eines Künstlers einnimmt, der den Konflikt zwischen Leben und Tod, zwischen Mensch und Tier, in einer symbolischen Inszenierung darstellt. Diese Sichtweise betont den künstlerischen Wert des Stierkampfs und stellt ihn in eine Reihe mit anderen traditionellen Kunstformen, die ebenfalls auf Ritualen und Symbolen basieren.

Ein weiteres Argument der Befürworter ist die Rolle des Stierkampfs im Kontext der Natur und der Tierwelt. Die Zucht und Pflege der Kampfstiere wird von ihnen als ein Akt des Respekts vor dem Tier betrachtet, das in der Arena seine natürliche Stärke und seinen Mut zeigen kann. Verteidiger des Stierkampfs argumentieren, dass der Stier, anders als in der industriellen Viehzucht, hier die Möglichkeit hat, in einer relativ natürlichen Umgebung aufzuwachsen und am Ende seines Lebens einen ›ehrenvollen‹ Tod zu sterben. Diese Perspektive stellt den Stierkampf als eine Art Rückkehr zu einer natürlicheren, weniger entfremdeten Beziehung zwischen Mensch und Tier dar, in der das Tier nicht als bloße Ware, sondern als würdiger Gegner angesehen wird.

In der ethischen Verteidigung des Stierkampfs wird auch auf die freiwillige Teilnahme des Toreros hingewiesen. Im Gegensatz zu Tieren in der Massentierhaltung, die keine Wahl haben, sich ihrem Schicksal zu entziehen, tritt der Torero bewusst in die Arena, um sich den Gefahren und Herausforderungen zu stellen. Diese Selbstbestimmung und der Mut, das eigene Leben für eine Kunstform zu riskieren, wird als edles und ehrenwertes Verhalten angesehen, das Respekt verdient. Diese Sichtweise betont die persönliche Verantwortung und die individuelle Entscheidung des Toreros, die dem Stierkampf eine ethische Dimension verleiht, die in der modernen Debatte oft übersehen wird.

Ein unauflösbarer Konflikt?

Die Debatte um den Stierkampf ist nicht einfach eine Auseinandersetzung zwischen Fortschritt und Rückständigkeit, zwischen Modernität und Tradition. Sie spiegelt vielmehr tiefere Konflikte und Spannungen wider, die in jeder Gesellschaft existieren – zwischen dem Bedürfnis nach kultureller Identität und der Notwendigkeit, ethische Standards zu wahren; zwischen der Wertschätzung von Traditionen und der Kritik an deren moralischen Implikationen. Der Stierkampf bleibt ein Symbol für diese Konflikte, ein Brennpunkt für Diskussionen, die weit über die Arena hinausreichen.

In den letzten Jahrzehnten hat die Debatte um den Stierkampf an Intensität gewonnen, insbesondere durch die wachsende Bedeutung des Tierschutzes und die zunehmende Globalisierung, die traditionelle Praktiken in Frage stellt. In einigen Regionen Spaniens und anderer Länder ist der Stierkampf bereits verboten oder stark reglementiert, während er in anderen nach wie vor ein wichtiger Bestandteil des kulturellen Lebens ist. Diese unterschiedlichen Reaktionen zeigen, wie schwierig es ist, eine einheitliche Lösung für die Frage des Stierkampfs zu finden.

Trotz der zunehmenden Kritik wird der Stierkampf von vielen Menschen nach wie vor leidenschaftlich verteidigt und praktiziert. Für seine Anhänger ist er nicht nur ein Spektakel, sondern eine tiefe, sinnstiftende Erfahrung, die etwas Essentielles über den Menschen und seine Beziehung zur Natur, zur Gewalt und zur Kunst ausdrückt. Ob diese Tradition in der Zukunft bestehen bleibt oder ob sie eines Tages ganz verschwinden wird, hängt von den sozialen, kulturellen und ethischen Entwicklungen der Gesellschaft ab.

In jedem Fall bleibt der Stierkampf ein starkes Symbol für die Spannungen zwischen Vergangenheit und Gegenwart, zwischen menschlichem Stolz und moralischem Fortschritt. Die Diskussion über seine Legitimität wird weitergeführt werden, solange die Menschen sich darüber Gedanken machen, was es bedeutet, menschlich zu sein – und welche Rolle Traditionen in einer sich ständig verändernden Welt spielen sollen.

Der Stierkampf heute

Tradition und Wandel

Der Stierkampf ist eine jahrhundertealte Tradition, die tief in der kulturellen Identität Spaniens und anderer Länder, in denen er praktiziert wird, verwurzelt ist. Doch wie jede Tradition steht auch der Stierkampf im Spannungsfeld zwischen Bewahrung und Veränderung, zwischen stolzer Geschichte und den Herausforderungen der Moderne. Die heutige Situation des Stierkampfs ist geprägt von einem fortdauernden Interesse, das auf einer tiefen kulturellen Verwurzelung basiert, und gleichzeitig von einer wachsenden und immer lauteren Kritik, die seine Existenz zunehmend in Frage stellt.

Fortdauernde Popularität und kulturelle Verankerung

Trotz aller Kontroversen hat der Stierkampf seine Anziehungskraft für viele Menschen nicht verloren. Für Millionen von Anhängern ist die Corrida nicht nur ein Spektakel, sondern ein bedeutungsvoller Ausdruck von Kultur, Kunst und Identität. Besonders in Spanien gilt der Stierkampf in vielen Regionen nach wie vor als ein fester Bestandteil des kulturellen Lebens. Große Arenen wie die ›Plaza de Toros de Las Ventas‹ in Madrid oder die ›Maestranza‹ in Sevilla ziehen nach wie vor Tausende von Zuschauern an, die die dramatische Inszenierung des Kampfes zwischen Mensch und Tier erleben wollen.

Die Popularität des Stierkampfs ist nicht nur auf das ländliche Spanien beschränkt, wo er seit Jahrhunderten praktiziert wird, sondern auch in städtischen Zentren fest verankert. Städte wie Madrid, Sevilla oder Pamplona, bekannt für das jährliche Stierrennen von San Fermín, sind weiterhin Hotspots für Liebhaber der Corrida. In diesen Städten hat der Stierkampf einen hohen symbolischen Wert und ist oft eng mit lokalen Festen und religiösen Feierlichkeiten verknüpft. Die jährlichen Feria-Feste, die oft von Stierkämpfen begleitet werden, sind nicht nur touristische Attraktionen, sondern auch Ereignisse, die tief in der kulturellen und sozialen Struktur verankert sind.

Für viele Menschen, die den Stierkampf verteidigen, geht es um mehr als nur den Akt des Kampfes selbst. Sie sehen darin eine komplexe Kunstform, die Elemente von Theater, Tanz und Musik vereint. Der Matador wird nicht nur als Kämpfer, sondern als Künstler betrachtet, der in der Arena eine hochgradig stilisierte und symbolische Darstellung des menschlichen Kampfes gegen die Natur und das Schicksal inszeniert. Die Bewegungen, die Kleidung, die Rituale – all dies ist Teil einer tiefen kulturellen Tradition, die für ihre Anhänger einen unverzichtbaren Teil der nationalen Identität darstellt.

Wachsende Kritik und ethische Herausforderungen

Doch die Zukunft des Stierkampfs steht auf einem unsicheren Fundament. Die gesellschaftliche und politische Landschaft hat sich in den letzten Jahrzehnten stark verändert, und mit ihr auch die Einstellung vieler Menschen zum Stierkampf. Tierschutzorganisationen, ethische Debatten und eine zunehmend globalisierte Welt haben dazu geführt, dass der Stierkampf heute mehr denn je unter Beschuss steht.

Die Kritik am Stierkampf ist vor allem ethischer Natur. Im Zeitalter wachsender Sensibilität gegenüber dem Tierschutz wird die Praxis, ein Tier in der Arena zu töten, als grausam und rückständig betrachtet. Tierschutzorganisationen und Aktivisten haben es sich zur Aufgabe gemacht, die Abschaffung des Stierkampfs zu fordern. Sie verweisen auf das Leid der Tiere und argumentieren, dass in einer modernen, aufgeklärten Gesellschaft kein Platz für eine Praxis sein sollte, die auf der öffentlichen Zurschaustellung von Gewalt beruht.

In einigen Regionen Spaniens und anderen Ländern, in denen der Stierkampf traditionell praktiziert wurde, ist es bereits zu gesetzlichen Verboten oder starken Einschränkungen gekommen. Katalonien, eine der wirtschaftlich und kulturell bedeutendsten Regionen Spaniens, hat den Stierkampf 2010 offiziell verboten – ein Schritt, der sowohl als Ausdruck einer politischen und kulturellen Abgrenzung von der Zentralregierung in Madrid als auch als Zeichen einer zunehmenden Ablehnung der Corrida in der Bevölkerung gesehen wurde. Auch in anderen Regionen, insbesondere in Teilen Lateinamerikas, gibt es Bestrebungen, den Stierkampf zu verbieten oder stark zu regulieren.

Neben der Tierschutzdebatte spielt auch die Frage nach der kulturellen Relevanz eine immer größere Rolle. Die jüngere Generation, die in einer globalisierten und digitalisierten Welt aufwächst, zeigt oft weniger Interesse an traditionellen Praktiken wie dem Stierkampf. Der Generationenwechsel und die zunehmende Urbanisierung haben dazu geführt, dass der Stierkampf in vielen Teilen der Bevölkerung nicht mehr die gleiche Bedeutung hat wie früher. Während ältere Generationen die Corrida noch als wichtigen Teil ihrer kulturellen Identität betrachten, stehen jüngere Menschen dem Stierkampf oft kritisch oder gleichgültig gegenüber.

Die Zukunft des Stierkampfs

Bewahrung oder Wandel?

Die Frage nach der Zukunft des Stierkampfs bleibt offen. Auf der einen Seite gibt es Bestrebungen, die Tradition zu bewahren und sie an die modernen Zeiten anzupassen. Einige Anhänger des Stierkampfs plädieren für Reformen, die den ethischen Bedenken Rechnung tragen sollen, ohne die Essenz der Corrida zu zerstören. Dazu gehören Vorschläge, den Kampf weniger blutig zu gestalten oder alternative Formen zu entwickeln, bei denen das Tier nicht getötet wird.

Auf der anderen Seite wächst der Druck von Seiten der Gegner, den Stierkampf ganz abzuschaffen. In einer Zeit, in der kulturelle Praktiken zunehmend hinterfragt und an universellen ethischen Maßstäben gemessen werden, steht der Stierkampf vor der Herausforderung, seinen Platz in der modernen Gesellschaft zu rechtfertigen. Die Frage, ob der Stierkampf überleben kann, wird letztlich von einer komplexen Mischung aus kulturellen, politischen und sozialen Faktoren abhängen.

Eines jedoch bleibt klar: Der Stierkampf ist nicht nur ein Kampf in der Arena, sondern auch ein Symbol für den Konflikt zwischen Tradition und Moderne, zwischen kultureller Identität und ethischer Verantwortung. Dieser Konflikt wird weiterhin die Debatte um den Stierkampf prägen und letztlich entscheiden, ob diese jahrhundertealte Tradition weiterlebt oder zu einem Relikt der Vergangenheit wird. In jedem Fall bleibt der Stierkampf ein berauschendes und umstrittenes Kapitel in der Geschichte der Menschheit – ein Kapitel, das noch lange nicht abgeschlossen ist.

Epilog

Der Stierkampf ist ein Ritual, das tief in der kulturellen DNA Spaniens und anderer Länder, in denen er praktiziert wird, verankert ist. Er ist mehr als nur ein Spektakel, er ist ein Ausdruck jahrhundertealter Traditionen, ein Symbol für Mut und Kunstfertigkeit, und für viele ein unverzichtbarer Bestandteil des kulturellen Erbes. Doch die Welt hat sich verändert, und mit ihr auch die Sichtweise auf den Stierkampf.

Der Stierkampf, einst als höchster Ausdruck von Tapferkeit und Geschicklichkeit gefeiert, steht heute am Scheideweg. Die Frage, die sich stellt, ist, ob diese Tradition im modernen Zeitalter noch Bestand haben kann oder ob sie zu einem Relikt der Vergangenheit wird. Es ist unbestreitbar, dass die Corrida seit ihrer Entstehung zahlreiche Generationen in ihren Bann gezogen hat – die Kraft und Eleganz des Matadors, die Spannung des Kampfes und die tiefe Symbolik, die in jeder Bewegung liegt, haben Menschen auf der ganzen Welt fesselt.

Diese Faszination hat jedoch ihre Schattenseiten. In einer zunehmend globalisierten und vernetzten Welt, in der ethische Fragen immer stärker in den Vordergrund treten, wird der Stierkampf oft als barbarische Praxis angesehen, die keinen Platz mehr in einer aufgeklärten Gesellschaft hat. Die Kritik ist laut und gut organisiert, und sie hat bereits ihre Spuren hinterlassen. Viele Regionen haben den Stierkampf verboten, und in anderen wird er zunehmend infrage gestellt.

Dennoch bleibt die Corrida für viele ein unverzichtbarer Teil ihrer kulturellen Identität. Die Anhänger des Stierkampfs argumentieren, dass er eine Kunstform ist, die es zu bewahren gilt, eine Tradition, die tief in der Geschichte verwurzelt ist und die die Komplexität des menschlichen Daseins widerspiegelt – die Konfrontation mit dem Tod, das Streben nach Ruhm und die Unbarmherzigkeit des Schicksals. Diese Sichtweise erklärt, warum der Stierkampf trotz aller Kritik nach wie vor viele Menschen anzieht und begeistert.

In der Reflexion über die Zukunft des Stierkampfs wird deutlich, dass diese Tradition nicht nur von kulturellen Werten, sondern auch von den gesellschaftlichen Entwicklungen geprägt ist. Die Frage, ob der Stierkampf überleben wird, ist eng mit der Frage verknüpft, wie sich die Gesellschaft weiterentwickelt. Wird die zunehmende Sensibilität gegenüber dem Tierschutz den Stierkampf endgültig zum Verschwinden bringen? Oder wird es möglich sein, einen Mittelweg zu finden, der die Tradition bewahrt, aber auch den ethischen Bedenken Rechnung trägt?

Vielleicht ist die Antwort auf diese Fragen weniger eindeutig, als es auf den ersten Blick scheint. Der Stierkampf könnte sich weiterentwickeln, so wie er es in der Vergangenheit immer wieder getan hat, und in einer neuen Form überleben, die den Anforderungen der modernen Zeit entspricht. Die Einführung von Reformen, die den blutigen Aspekt der Corrida abmildern oder ganz eliminieren, könnte eine Möglichkeit sein, diese Tradition zu bewahren, ohne die ethischen Grenzen zu überschreiten.

Andererseits könnte die Corrida in ihrer traditionellen Form auch weiterhin bestehen, getragen von denen, die ihren kulturellen Wert über alle Kritik stellen. In diesem Fall würde der Stierkampf jedoch zu einem Symbol für den Widerstand gegen die Modernisierung werden, ein Ausdruck des Festhaltens an alten Werten in einer sich schnell verändernden Welt.

Was auch immer die Zukunft bringt, die Faszination, die der Stierkampf ausübt, wird wahrscheinlich bestehen bleiben. Selbst wenn die Arena eines Tages leer bleibt, werden die Geschichten, die Mythen und die Legenden, die sich um den Stierkampf ranken, weiterleben. Der Stierkampf ist nicht nur ein physischer Akt, sondern ein tief verwurzelter Bestandteil der menschlichen Kultur – ein Symbol für den ewigen Kampf zwischen Mensch und Natur, zwischen Leben und Tod, zwischen Tradition und Veränderung.

Im Endeffekt bleibt der Stierkampf eine komplexe, widersprüchliche Tradition, die genauso viel von der Vergangenheit erzählt wie von der Gegenwart. Er fordert uns auf, über die Natur des Menschen, die Bedeutung von Kultur und den Wert von Traditionen nachzudenken. Und vielleicht liegt in dieser Reflexion die größte Stärke des Stierkampfs: Er zwingt uns, uns mit Fragen zu beschäftigen, die keine einfachen Antworten zulassen, und uns darüber klar zu werden, wer wir als Menschen sind und was uns in der Tiefe unseres Wesens wirklich bewegt.

Über den Autor

Lutz Spilker wurde im Jahre 1955 in Duisburg geboren.

Bevor er zum Schreiben von Romanen und Dokumentationen fand, verließen bisher unzählige Kurzgeschichten, Kolumnen und Versdichtungen seine Feder.

In seinen Büchern befasst er sich vorrangig mit dem menschlichen Bewusstsein und der damit verbundenen Wahrnehmung. Seine Grenzen sind nicht die, welche mit der Endlichkeit des Denkens, des Handelns und des Lebens begrenzt werden, sondern jene, die der empirischen Denkform noch nicht unterliegen.

Es sind die Möglichkeiten des Machbaren, die Dinge, welche sich allein in der Vorstellung eines jeden Menschen darstellen und aufgrund der Flüchtigkeit des Geistes unbewiesen bleiben. Die Erkenntnis besitzt ihre Gültigkeit lediglich bis zur Erlangung einer neuen und die passiert zu jeder weiteren Sekunde.

Die Welt von Lutz Spilker beginnt dort, wo zu Beginn allen Seins nichts Fassbares war, als leerer Raum. Kein Vorne, kein Hinten, kein Oben und kein Unten. Kein Glaube, kein Wissen, keine Moral, keine Gesetze und keine Grenzen. Nichts.

In Lutz Spilkers Romanen passieren heimtückische Morde ebenso wie die Zauber eines Märchens. Seine Bücher sind oftmals Thriller, Krimi, Abenteuer, Science Fiction, Fantasy und selbst Love-Story in einem.

»Ich liebe die Sprache: Sie vermag zu streicheln, zu liebkosen und zu Tränen zu rühren. Doch sie kann ebenso stachelig sein, wie der Dorn einer Rose und mit nur einem Hieb zerschmettern.«

In dieser Reihe sind bisher erschienen

Die Erfindung der Namen
Die Erfindung des Bewusstseins
Die Erfindung des freien Willens
Die Erfindung des Wahrsagens
Die Erfindung der Körpersprache
Die Erfindung des Schlafs
Die Erfindung der Sklaverei
Die Erfindung der Angst
Die Erfindung der Vernunft
Die Erfindung des Vollmonds
Die Erfindung des Vitamin B
Die Erfindung des Make-Up
Die Erfindung des Weihnachtsfestes
Die Erfindung des Ku-Klux-Klan
Die Erfindung des Träumens
Die Erfindung der Flaschenpost
Die Erfindung der Mafia
Die Erfindung der Freimaurer
Die Erfindung der Freibeuter
Die Erfindung der Raumfahrt
Die Erfindung der Tempelritter
Die Erfindung des ADHS-Syndroms
Die Erfindung der Homöopathie
Die Erfindung der Freizeitparks
Die Erfindung des Werwolfs
Die Erfindung des Astralkörpers
Die Erfindung des Zölibats
Die Erfindung des Herkules
Die Erfindung des Vampirs
Die Erfindung der Philosophie
Die Erfindung des Bieres
Die Erfindung des Ungeheuers von Loch Ness
Die Erfindung der Prä-Astronautik
Die Erfindung des Voodoo
Die Erfindung des Stierkampfs

Zeitfracht Medien GmbH
Ferdinand-Jühlke-Straße 7
99095 Erfurt, Deutschland
produktsicherheit@kolibri360.de